楽しまなきゃ損だよ人生は

弘兼憲史

宝島社

はじめに　～一度きりの人生、〝楽しまなきゃ損〟～

古い映画の話をします。

日本が誇る黒澤明監督の名作『七人の侍』（１９５４）を、ハリウッドのアクション映画の巨匠ジョン・スタージェスがリメイクした『荒野の七人』（１９６０）という作品です。

観たことのある人も多いのではないでしょうか。


舞台は、アメリカとの国境に近いメキシコの寒村。そこに住む村人たちは、毎年の収穫期になると必ずやって来て、乱暴狼藉の果てにすべての作物を持ち去ってしまう盗賊団に苦しめられていました。

ある年、一人の村人が殺されたことを機に　やられっぱなしだった彼らは話し合いの末に、団結して盗賊団に立ち向かうことを決意。武器を調達するためにテキサスへ向かいます。

そこで彼らは、「クリス」（ユル・ブリンナー）と「ヴィン」（スティーヴ・マックィーン）いう二人の凄腕ガンマンに出会い、盗賊団を倒すための助っ人を依頼するのです。

村人の話を聞くと、「カルベラ」（イーライ・ウォラック）という名うての悪党に率いられた盗賊団は、狂暴で人数も多い。そんな奴らを相手にすれば、当然のごとく撃ち合いとなって命の危険に晒《さら》される。にもかかわらず、貧しい村が払える報酬は、一人あたりたったの20ドル――。

ガンマンにとって、どう考えても割に合わない仕事なのでした。

それでも二人は、縁もゆかりもない村人からの依頼を引き受け、盗賊団を撃退するために5人のガンマンを集め、合計7人で村に向かいます。

そこで彼らは、カルベラと出くわしました。

「頭のいいお前らが、なぜ引き受けたのかわからねえ」

カルベラは、腕のいいガンマンたちがなぜ、こんなに割の合わない仕事を引き受けたのか、その理由を知りたいのです。

「まったくだ」

クリスが素っ気なく答えると、カルベラは「理由《わけ》を聞かせろ」となおも問いただします。

すると、クリスの相棒のヴィンが、こういったのです。

「昔、素っ裸でサボテンに飛び込んだやつに、その理由を聞いたら……面白いと思ったからだとさ」――。

そして二人は目を合わせ、きょとんとした表情で立ち尽くすカルベラを置いて、その場を去ります。

実に印象的な、カッコいいシーンでした。

合理的な理由なんてない。

〝面白い〟と思ったからやったんだ。

僕は人生を、この精神でいきたいと思っています。

面白いと思ったことをやろう。

人生は、楽しんだもの勝ち――。

「つまらない」「面白くない」と思いながら生きても、「楽しい」「面白い」と思いながら生きても、1年は同じ1年、10年は同じ10年です。

だったら絶対、楽しく生きたほうがいい。

楽しく過ごしても、つまらなく過ごしても、1年は同じ365日ですが、その内容はまったく違います。

10代、20代の頃は、「僕たちは、なぜ生きるのか？」「どのように生きるのか？」なんて考えたこともありました。

でも、いくら考えても、明確な答えはありません。

30代ならまだしも、経験を重ねた40代、人生の折り返し点をすぎる50代になったら、もはや「楽しむために生きる」「人生を楽しむ」という境地に達してもいいと思いませんか。

人生は、楽しまなきゃ損――なのです。

この本は、「人生、楽しんだもの勝ち！」の精神に基づいて、何気ない日常のなかから「面白い」「面白そうだな」と思えることを積極的に見つけ出し、人生を楽しもう――人生を遊ぼう――という内容になっています。

難しいことは横に置いて、しばしお付き合いください。

弘兼憲史

目次

第二章　スポーツを楽しむ

第三章　家の外で遊ぶ

第四章　一人遊びの原点

第五章　最後まで遊ぶ

Life is for living !

装　　丁：小口翔平＋後藤司（tobufune）
D T P ：D-Spex
編集協力：MaK Office
帯 写 真 ：ロイター／アフロ

第一章 日常を楽しむ

まずは、表情を変える

街を歩いていると、電車に乗っていると、苦虫を嚙み潰したような、何かに怒っているような、不機嫌、不愉快極まりない表情を浮かべている人が多いと思いませんか。

そんな人の多くは、高齢の男性です。

「つまらない」と思っているからそんな表情となり、不機嫌な顔をしていると、周りにいる人までつまらなくなる。

不機嫌、不愉快は伝染するのです。

逆もまた然《しか》り。

「楽しい」と思えば楽し気な表情となり、にこやかな顔をしていると、周りにいる人まで楽しくなってきます。

ニコニコと楽し気な表情を浮かべている人を見て、「あの人、何かいいことあったのかな？」と感じたことはありませんか。そう思ったときには、きっとあなた自身も楽し気な表情を浮かべているはずです。

「楽しい」という気持ち、上機嫌、愉快な思いも伝染するのですね。

鏡に向かって、唇の両端、「口角《こうかく》」を上げてみてください。

正面を向いて、両方の口角を上げ、歯が見えるくらいに唇を開きます。

ニコッと笑った表情になりますよね。

そこで、自分自身の目を見つめてください。

どうでしょう。

ニコッとした自分の顔を見ると、思わず笑っちゃうんです。
それだけで、なぜか楽しくなるのです。

何も楽しいことがないのに、無理やり笑っている。
笑ってしまうのは、誰もいないところで、面白くもないのに、作り笑いを
浮かべている自分に、バカバカしさを感じるからかもしれません。

でも、それでいいんです。
初めのうちは、わざと笑う。

無理やり笑う。
それでいいんです。
訓練だと思って、一日に一度は鏡に向かって口角を上げてみてください。

笑うから楽しい

2021年に開催された東京オリンピックの卓球競技で、水谷準選手との混合ダブルスで金メダル、石川佳純《かすみ》・平野美宇《みう》選手との女子団体で銀メダル、女子シングルスで銅メダルを獲得した〝日本卓球界のエース〟伊藤美誠《みま》選手は、試合中、「苦しいときに、意識して口角を上げるようにしている」とテレビ番組で語っていました。

思うようなプレーができなかったり、ミスをしてしまったりして、試合の流れが相手に傾きそうになったとき、イライラしたり、マイナス思考に陥りそうになってしまいます。

そんなとき、意識的に口角を上げて表情を明るくし、感情をコントロールしていたというのです。

スポーツは変わりますが、タイ人として初めてＬＰＧＡ（全米女子プロゴルフ協会）のメジャー選手権を制し、２０１８年の賞金女王に輝いたマリア・ジュタヌガーン選手は、ナーバスになったと感じたとき、ショットやパットのアドレスに入る前、笑顔をつくることをルーティンにしていました。

なるほど――と思いました。

笑う門には福来る

笑いの絶えない家には、おのずから幸福が訪れる――というように、笑顔には福を手繰《たぐ》り寄せる力があるのです。

アメリカの心理学者・哲学者ウィリアム・ジェームズはこういいました。

楽しいから笑うのではなく、笑うから楽しいのだ——。

楽しいことや面白いことがあったから笑うのではなく、笑うから楽しくなったり面白くなったりする。

そういえば、言葉のわからない赤ちゃんが、大人たちが笑っているのを見て、少しずつ笑顔になり、そのうちに笑い声を上げることがありますね。

楽しいことや面白い話を見たり聞いたりして笑うのではなく、笑うという行動が楽しさを招いたのでしょう。

ネガティブな感情に陥ってしまったとき、無理にでも笑ってみる、口角を上げてみるというのは、笑顔の効果を利用した正しい対処法というわけです。

反対に、額にシワを寄せて、難しいことばかり考えていたら、気分が余計に塞いでしまいます。

暗い気分になったときに暗い表情をしていると、さらに落ち込んでしまいます。「負のスパイラル」にはまり込んで、なかなか抜け出せなくなってしまうのです。

そんなとき、無理にでも口角を上げてニコッとしてみると、少しずつ気分が落ち着き、やがては穏やかに、明るい気持ちになっていきます。

今すぐにでも、お試しください。

それだけで、あなたの人生は変わるはずです。

おもしろき こともなき世を おもしろく

僕の出身地、山口県（長州藩）が生んだ〝幕末のヒーロー〟高杉晋作の辞世とされる句があります。

おもしろき こともなき世を おもしろく
すみなすものは 心なりけり

「すみなすものは……」という下《しも》の句は、肺結核で病床についていた27歳の高杉が詠んだ上《かみ》の句に、彼を看病していた女流歌人で、勤王家でもあった野村望東尼《ぼうとうに》が続けたものという説もあります。

解釈はいろいろありますが、上の句だけの意味は、「世の中には面白いことがほとんどないけれど、面白く生きよう」、あるいは「(俺が)面白くしてみせよう」。

下の句も合わせると、「世の中を面白いと感じるか、面白くないと感じるかは、自分の心持ち次第である」と捉えることができます。

どちらにしても、素晴らしい。

まったく同感です。

面白いか、面白くないか。楽しいか、楽しくないか――は、〝気の持ちよう〟、〝心持ち〟によって大きく変わるのです。

たとえば、名前も知らない若手落語家の独演会に行くことになったとします。「聞いたこともない名前だな。つまらないだろうな。途中で飽きちゃうかもしれない」と思って行けば、案の定、やっぱり面白くない。本当に飽きてしまって、座っている時間が苦痛でしかなかった――ということになるでしょう。

反対に「知らない落語家だけど、どんな噺《はなし》を聞かせてくれるのかな。若い人の芸は新鮮で楽しみだ」と思って行けば、新たな発見があって意外に楽しめる。あっという間に時間が経ったように感じる――そんなものです。

〝ちょっといい話〟を喜ぶ

高杉が「おもしろき こともなき世」と詠んだように、確かにこの世の中、「おもしろきこと」はなかなかありません。

2024年は、最大震度7の「能登半島地震」が1月1日に発生。記録的な猛暑となった8月には、スーパーから米が消えてしまう「コメ不足」が深刻化し、「令和の米騒動」と呼ばれました。

3年連続で1万品目以上もの食品が値上げするという急激な物価高騰に庶民が喘《あえ》ぐなか、国会は政治資金パーティーを巡る裏金事件〝政治とカネ〟問題に揺れ、夏以降はいわゆる「闇バイト」を使って個人宅を狙う凶悪な強盗事件が相次ぎました。

　天災、異常気象、物価高、政治不信、治安悪化による生活不安……。

　一方の明るい話題といえば、スポーツ界に目を移し、パリ２０２４オリンピック・パラリンピックでの、日本選手団によるメダルラッシュ。アメリカＭＬＢ（メジャー・リーグ・ベースボール）で史上初となる50本塁打・50盗塁「50・50」を達成し、２年連続３度目のＭＶＰを受賞した大谷翔平選手の活躍など、数えるほどしかなかったような気もします。


　とはいえ、です。


　明るいニュースが少ないからといって、塞いでいても仕方ありません。

　世間は世間、自分は自分と切り離し、自分だけの〝ちょっといい話〟、自分だけの〝いいニュース〟を探してみませんか。

小さなことでいいのです。

〝ちょっといい話〟を、自分だけの〝いいニュース〟として楽しんでみる。喜んでみる。

そして、ニッコリしてほしいのです。

たとえば、

「いい映画を観た」

「テレビの連ドラ、思ったより面白かった」

「なんとなく入った店のラーメンが美味《おい》しかった」

「安くてうまい居酒屋を見つけた」

あるいは、
「駅までの道、一度も信号に引っかからなかった」
「満開のサザンカ並木に癒された」
「つい口走ってしまった〝オヤジギャグ〟に、部下が笑ってくれた」
「理由はわからないけど、今日は妻の機嫌が良かった」

そんなことでいいのです。
自分にとっては十分な〝いいニュース〟ですから。

そんなニュースの一つひとつを、スマホのスケジュール帳などにメモしておく。あとでそれを読み返したら、ニコッとすることができます。

人間を楽しむ

面白くもない世の中を面白く生きるための第一条件は、〝好奇心〟かもしれません。かくいう僕は〝好奇心のかたまり〟を自負しています。

知らないことや珍しいものに興味を持って、「何だろう？」「どうしてだろう？」と知りたがる。

今まで食べたことのないもの、たとえそれが〝ゲテモノ〟と呼ばれるようなものでも、とりあえず口に入れてみる。

人間観察も好奇心の一つです。

僕は漫画のネーム（コマ割りやセリフなどを描いた下書き。漫画の設計図）をファミリーレストランで描くのですが、隣のテーブルに男女がいれば、さりげなく聞き耳を立てます。

どうやら夫婦ではなさそうだ。
上司と部下かな。
そうでもなさそうだな。
取引先の関係かな……

なんて考えながら見ていると、男性が頼んだ料理に女性がフォークを立て、「それ、ちょっと頂戴」と食べました。
あるいは、足元に目を移すと、トントンって相手の足を軽く蹴っています。

するとあ、ああ、この二人はできてるね！

と確信します。

そんな、本当にどうでもいいことを考えたりしているのです。

電車に乗ったとき、前の席に30代と思われるお母さんと、幼稚園生くらいの息子が座っている。でも、なぜか二人ともしょんぼりしているように見えます。

そんなとき、どうしたんだろう？
何かあったのかな？
なんて思ったりしませんか？

別れた夫、その子のお父さんに会いに行ったんだけど、会えなかったのかもしれない。どうして会えなかったんだろう……。

と、空想がどんどん膨らんでいきます。

僕はだいたい、街中で見かけた人と人、二人でも三人でもそれ以上でも、この人たちはいったい、どういう関係なのだろう？　なぜここにいるんだろう？　ということを、なんとなくいつも想像しています。

そんな想像が、漫画一本のプロットになることもありますから、人間観察は僕の場合、〝趣味と実益を兼ねている〟といえるのかもしれません。

スーパーのレジで遊ぶ

日常での楽しみ方は、ほかにもいろいろあります。

たとえば、スーパー。

僕はよく、スーパーに買い物に出かけます。

買い物自体の楽しみ方も後で記しますが、ここではレジの話をしましょう。

時間によって、レジに行列ができていることがあります。

5つもレジがあるのに、各列に10人以上が並んでいて、かなりの時間がかかりそうです。

最近はポイントカードの提示やQRコード決済などに手間取ることもあっ

て、以前より時間がかかっているようにも思えます。

そんなとき、どうするか。

僕の場合、どの列に並べば一番早いか？　という好奇心が働くわけです。

まず、レジを担当している店員さんの手際のよさ（スピード）をチェック。次に、各列に並んでいるお客さんたちが持っているカゴの中身をパッと見て、平均的な買い物量を観察して、どの列が一番早いかを〝連勝単式〟で予測して、その経過と結果を楽しんでいるのです。

レジが5つだったら右側から1枠、2枠、3枠……として、「3―2」と予測すれば3番目のレジに並び、他の列に並ぶ同じ位置の人をチェックして、そのお客さんたちとの〝レース〟を始めます。

最初の二人までは予想通り3枠がリードしていたのに、三人目のお客さんのスマホがなかなか反応せず、2枠に追い越されてしまう。しかし、あと二人となったところで、2枠のお客さんがビール券を出すと、店員さんが清算方法を聞くためにレジを止めてサービスカウンターへ駆け込む。

そのタイミングを逃さずに抜き返した3枠が1着でゴールイン！　2着には末脚を見せた5枠が1枠をクビ差でかわし、連勝単式は「3―5」で確定しました――なんてね。

心の中で実況を加えたりして、なかなか楽しめるものです。

このとき、僕はこれまでの経験上、スーツ姿の男性や会社勤め風の女性客が少しでも多い列に並びます。

お客さんにもいろいろな人がいて、待っている間にスマホで「○○ペイ」などの準備をしておく人や、小銭をいくら持っているか確認しておく人もいれば、スマホで何かに熱中してしまう人や、ただただボーッとしているような人もいます。

僕自身は小銭を用意しておくタイプなのですが、そんな人の割合が、比較的、会社勤め風の人に多いように感じるのです。

逆に、無理もないのですが、ご高齢の方はのんびりされていることが多くて、レジで金額を聞いてから、ようやく財布を出したりします。

スーパー混雑時の〝レジ・レース〟には、そんな観察眼と推理力、経験をもとにした直感力が必要なのです。

なかなか深いでしょう(?)

回文づくりに挑戦

いつでもどこでも楽しめて、しかも、まったくお金のかからない〝日常の楽しみ方〟の一つに、言葉遊びがあります。

たとえば……

新聞紙（しんぶんし）
安い椅子屋（やすいいすや）
竹やぶ焼けた（たけやぶやけた）……

上から読んでも下から読んでも同じ、「回文」です。

子供の頃に一度くらいは、面白がったことがあると思いますが、僕はそのとき以来、ずっと回文の魅力にハマり続け、現在に至っているのです。

今からもう20年以上前の話になりますが、小学館の『週刊ポスト』誌上で、「弘兼憲史の回文塾」というコーナーを持っていました。

毎週毎週、僕を中心とするヒロカネ回文プロジェクトが考案した作品と、読者のみなさんが送ってくれた回文のなかから選りすぐりの名作を掲載していたのですが、それが各方面からの好評をいただき、全160作品をまとめた単行本『弘兼憲史の回文塾』も発売されました。

あなたも一つ、回文づくりに挑戦してみませんか。

まずここで、「回文塾」のルールを紹介しておきます。

①濁音と半濁音（ぱぴぷぺぽ）は付けても付けなくてもいい。
②「ず」と「づ」、「じ」と「ぢ」、「お」と「を」、「へ」と「え」、「わ」と「は」などの同音語は入れ替えてもいい。
③音引き（「ワー」の「ー」など）は読んでも読まなくてもいい。また、「マー」を「マア」、「ヒー」を「ヒイ」などに入れ替えてもいい。
④拗音《ようおん》（「キャ」の「ャ」、「キュ」の「ュ」など）は、大きく読んでもいい。

では始めましょう。

まず、誰かとの会話や、テレビやラジオで耳にした言葉、街中の看板や表札などで目にしたお店の名前や人の名前、新発売の商品名やキャッチコピーなどなんでもいいので、その言葉を手当たり次第に逆さに読んでみてください。

たとえば、「中野」を逆さに読むと、「のかな」となります。

続けて読むと、「なかの　のかな」

真ん中の「の」を取ると「なかのかな」――「中野かな？」という回文ができあがりました。


地名シリーズで続けます。

「猪苗代湖」（いなわしろこ）は「ころしわない」……「わ」を「は」に入れ替えると「ころしはない」……「殺しはない」と読めます。

これを続けると、「いなわしろこ　ころしはない」――真ん中に「で」を入れれば、「猪苗代湖で殺しはない」（いなわしろこでころしはない）――という長めの回文ができあがりました。

「サンディエゴ」は「ごえいてんさ」……「御栄転さ」と読めるので、真ん中に「に」を入れれば「サンディエゴに御栄転さ」（さんでぃえごにごえいてんさ）

同様に、「ノルウェイで家売るの？」（のるうぇいでいえうるの）とかね。

このような回文づくりは昔からあって、次のような名作が残されています。

平安時代には……

むら草に　草の名はもし備わらば　なぞしも花の　咲くに咲くらむ

（むらくさに　くさのなはもし　そなわらば　なぞしもはなの　さくにさくらむ）

鎌倉時代には……
白浪の　高き音すら　長浜は　かならず遠き　潟のみならし
（しらなみの　たかきおとすら　ながはまは　かならずとおき　かたのみならし）
室町時代には……
長き夜の　遠の睡りの　皆目醒め　波乗り船の　音の良きかな
（ながきよの　とおのねむりの　みなめざめ　なみのりぶねの　おとのよきかな）

などなど、どれも素晴らしい作品です。

このような高尚さはありませんが、『弘兼憲史の回文塾』に掲載した作品を、ここでいくつか紹介しておきます。

世の中ね　「顔かお金か」なのよ
(よのなかね　かおかおかねかなのよ)

預金いくらで楽隠居?
(よきんいくらで　らくいんきょ)

団塊世代を追い出せ?　遺憾だ
(だんかいせだいをおいだせ　いかんだ)

さいなら祭り　騒ぎは去り　つまらないさ
(さいならまつり　さわぎはさり　つまらないさ)

このライオン　おいらの子
（このらいおん　おいらのこ）

私デートで、街まで遠出したわ
（わたしでーとで　まちまでとーでしたわ）

寝ている私に何した？　悪い手ね
（ねているわたしになにした　わるいてね）

どうでしょう。
僕はやっぱり、くだらない作品のほうが性に合っているようです。
多少、意味はわからなくても「くっだらね～」という作品が好きです。
たとえば……

寝つきいい狐
（ねつきいいきつね）
寝つきの悪い狐なんていいね〜だろ〜⁉

意外な孔雀、悔しくないかい？
（いがいなくじゃくくやしくないかい）
「意外な孔雀」ってどんな孔雀なのでしょう？

和太鼓叩いたタコいたわ
（わだいこたたいたたこいたわ）
いいね〜だろう……タコは和太鼓叩かんだろう……なんてね。

ぜひ一度、回文づくりに挑戦してください。

パパは牛乳屋

「弘兼憲史の回文塾」の連載終了後、２００９年から『週刊朝日』で、「パパは牛乳屋」という連載を始めました。

こちらも力作を集めた一冊の本が出ています。

「パプアニューギニア」と「パパは牛乳屋」、文字で書くとまったく違うのに、声に出すと似ていますよね。

音として耳にした言葉から、それと似たまったく違う言葉を思い浮かべる。

これを「音韻《おんいん》連想」といいます。

「中臣鎌足《なかとみのかまたり》」と「生ごみのかたまり」

「横尾忠則」と「旅行タダ乗り」とか……。

この音韻連想を考えてみるのも、場所を選ばず気軽にできる〝日常の楽しみ方〟の一つです。

例を挙げてみましょう。

「非ピリン系」と「フィリピン系」

「早稲田大学」と「痩せた体格」

「島耕作」と「揣摩《しま》臆測」

「島耕作」と「視野狭窄」

「岩井志麻子作」と「祝島《いわい》耕作」
「メグ・ライアン」と「目、暗いやん」
「神のみぞ知る」と「蟹の味噌《みそ》汁」
「星野リゾート」と「干し海苔贈答」
「スパイク持参」と「スパ行く爺さん」
「九死に一生を得る」と「九州で一生ＯＬ」

「〝あ、そうだろう〟と納得」と「麻生太郎と納豆食う」

「多摩湖も、もう秋だよ」「卵ご飯も、もう飽きたよ」

俗に「オヤジギャグ」と呼ばれる「ダジャレ」ですが、思わず「クス」っとしてしまうものもあったでしょう。

残念ながら、オヤジギャグは一般社会から、特に若い女性からは敬遠されています。敬遠どころか、嫌がられているといっていいかもしれません。

確かに、つまらないダジャレをいって、しかもそれを繰り返して、相手の反応を待っているオヤジを見かけることがあります。

「今夜、〝飲みにケーション〟なんてどう？　〝飲みにケーション〟」

「コーディネートは、こうでねえと」「ね、こうでねいとだよね？」

こんなことをいわれて顔を見られたら、誰だって引きます。ドン引きします。

くれぐれも注意してください。

でも、いくら嫌われているとはいえ、絶妙なタイミングでボソッと放ったダジャレが、思った以上にウケることもあります。

相手が若い女性でも男性でも、タイミングさえ間違わなければ意外な効果を発揮することもあるのです。

市民権を奪われたオヤジギャグにも、活躍の場は残されている……なんて期待しているのは、僕だけでしょうか。

ただし、くれぐれも「タイミングが重要」「連発はもってのほか」ということを肝《きも》に銘じてください。

外したら、痛い目に遭《あ》いますよ。

第二章　スポーツを楽しむ

テレビでスポーツ観戦

先日、「スポーツを観るとこころが元気に！」という記事を読みました。「明治安田厚生事業団 体力医学研究所」が調査・分析した結果、スポーツ観戦の頻度《ひんど》が高い人ほど、メンタルヘルス（心の健康状態）や生活習慣が良好であることがわかったというのです。

スタジアムや球場へ行って観戦する人はもちろん、テレビやインターネットでのメディア観戦も含めて、スポーツ観戦の機会が多ければ多いほど、「ストレスを抱えている可能性が低い」「幸福感が高い」とのことでした。

なぜでしょう。

その記事では「スポーツを観て心が動かされたり、爽快感を味わったりすることが、メンタルヘルスに好影響を与える可能性が見出されました。さらに、スポーツ観戦が『自分も身体を動かそう』などという動機付けにつながり、健康への意識が高まった結果、生活習慣が整った可能性も推察されます」と分析していました。

スポーツはよく〝筋書きのないドラマ〟といわれます。

そのドラマに触れるなかで、ハラハラしたりドキドキしたりして心を動かされ、爽快感や達成感、連帯感などを味わえるスポーツ観戦が、ストレス解消や生活習慣の改善につながるのなら、素晴らしいことですね。

スポーツ観戦を楽しみましょう。

1947年生まれの僕としては、子供の頃に夢中になったスポーツは、やはり野球でした。

今は生まれ故郷に近い広島東洋カープのファンですが、当時は創設間もない弱小球団だったこともあり、少年時代は1954年に初優勝を果たした西鉄ライオンズを応援していたのです。

「怪童」と呼ばれた中西太をはじめ、豊田泰光、木下弘といった強力打撃陣を揃え、「野武士軍団」と呼ばれた西鉄は、〝鉄腕〟稲尾和久が入団した1956年から、巨人を倒して3年連続日本一を達成しています。

新人・長嶋茂雄《ながしましげお》が入団した1958年の日本シリーズは3連敗の後の4連勝で制し、6試合に登板して4勝をあげた稲尾は「神様・仏様・稲尾様」と呼ばれました。まさに、〝筋書きのないドラマ〟といった展開です。

ちなみに、大分県立別府緑丘高校から西鉄に入団した稲尾は、新人でいきなり21勝、翌年から35勝、33勝、30勝、20勝と勝ち星を重ね、6年目の1961年にはいまだに破られていない日本プロ野球記録「シーズン42勝」をあげています。今ではちょっと考えられない大記録ですね。

一方の巨人では、1959年に早稲田実業高校から王貞治が入団。初めの3年は振るいませんでしたが、4年目の1962年から13年連続でホームラン王を獲得し、長嶋との「ON砲」が完成しました。

9年連続日本一「V9」が始まるのは、僕が高校3年生のとき、1965年からのことです。

とはいえ、テレビのなかった当時、山口県にいた僕は、大スターとなった王も長嶋もこの目で見たことはなく、動く姿を初めて見たのは映画館でかかったニュース映像でした。

「おお、これが長嶋かぁ」と感動したことを記憶しています。

早稲田大学に進学した僕は、六大学野球を観戦するようになりました。当時の六大学野球は今よりずっと人気があって、早稲田には僕と同学年の谷沢健一、安田猛、小川邦和、明治には星野仙一、法政には江本孟紀、一つ上には山本浩二、田淵幸一といった錚々《そうそう》たる顔ぶれが揃っていたのです。

卒業後もプロ入りした彼らを応援しつつ、自分と同い年の若松勉、鈴木啓示、福本豊、衣笠祥雄、平松政次、藤田平、大矢明彦といった選手たちに注目していました。

スポーツに限らず、自分とは違う世界で活躍する同い年の人物に目を向けるのはいいですね。

「おお、まだまだ元気だな。俺も頑張ろう」とか、「すっかり老けちゃったなあ。俺も気をつけよう」なんて考えたりして、何かと張り合いになります。

そんな時代からずっと野球観戦を続けてきましたが、過去の常識を一気に覆してしまったのが、前にも触れた大谷翔平選手でした。

ピッチャーとバッター、いわゆる「二刀流」を実行するだけでも十分に驚きましたが、バッターに専念した年だったとはいえ、パワーでは到底及ばないとされたメジャーリーグで、ホームラン王を獲得するとは夢にも思いませんでした。

大谷選手は、不可能と思われていたことを可能にしたのです。

もしかしたら、ＭＬＢでピッチャーとして最高の栄誉とされる「サイ・ヤング賞」も獲得するかもしれない。

サイ・ヤング賞とホームラン王、サイ・ヤング賞と三冠王の同時受賞もあるかもしれない。


そう考えると、いつの日か水泳１００メートル自由形の世界新記録を、日本人が塗り替えるかもしれない。

オリンピックの陸上１００メートル競走で、日本人が優勝する日が来るかもしれない――などと夢は無限に広がっていきます。

そんな夢を見せてくれたのが、大谷選手でした。


笹川スポーツ財団が２年に１度調査している「好きなスポーツ選手」（２０２４）では、大谷選手が２位以下を大きく引き離して、ダントツの１位。

年代別に見ても、19歳以下から70代以上まで、すべての年代で1位ですから、すべての日本人の人気ナンバー1なのだと思います。

現地のアメリカでも、大谷選手のユニフォーム売り上げは、２０２３年、２０２４年と2年連続で第1位となっています。ＭＬＢのテレビ中継を観ていると、ドジャーブルーの背番号17を着た観客の多さに驚くとともに、日本人として誇らしい気持ちになりますね。

そんな大谷選手のさらなる活躍を、テレビで応援してみてはいかがでしょうか。

競技場に足を運ぶ

テレビ観戦でもいいのですが、スタジアムへ行けば、現場ならではの何ともいえない緊張感、興奮、高揚感、応援するチームや選手、サポーターとの一体感……を味わうことができます。

体験したことがない人は、もったいない。

競技は何でもいいので、できれば一度、味わってもらいたいと思います。

スポーツ観戦が大好きな僕は、なんとか時間をひねり出して東京ドームなどに野球を観に行ったり、少し前になりますが、サッカーのワールドカップ日韓大会へも行きました。

大谷選手を応援するためにロサンゼルスへ行くのはハードルが高すぎますから、特に好きなスポーツがない、何を観ればいいのかわからない、という人は、「地域」で考えてみるのもいいかもしれません。

たとえば、「Jリーグ」(日本プロサッカーリーグ)。

2024年の時点で、J1(20クラブ)、J2(20クラブ)、J3(20クラブ)、全国に合わせて60ものクラブがあります。

その各クラブ名には「ヴィッセル神戸」「サンフレッチェ広島」「鹿島アントラーズ」のように、必ず地名が入っていて、地域に密着した運営が行われているので、生まれ故郷や住んでいる町、その近くにあるクラブを応援してみるのです。

2023年のワールドカップで人気が上昇したバスケットボールのプロ

リーグ「Ｂリーグ」にも注目です。

２０２３―24シーズンまでアメリカＮＢＡ（ナショナル・バスケットボール・アソシエーション）でプレーした渡邊雄太選手、ワールドカップ日本代表の主将・富樫《とがし》勇樹選手などが所属する「千葉ジェッツ」、日本人初のＮＢＡプレイヤーでＢリーグ最年長となった田臥《たぶせ》勇太選手率いる「宇都宮ブレックス」、アメリカ・シアトル出身の日本代表ジョシュ・ホーキンソン選手が所属する「サンロッカー渋谷」など、Ｂ１（24クラブ）・Ｂ２（14クラブ）合わせた合計38クラブが、Ｊリーグ同様に地域密着型の活動を行っています。

世界的にもレベルが高い日本のバレーボールでは、２０２４―25シーズンから男子10チーム、女子14チームによる「ＳＶリーグ」が開幕しました。

パリオリンピックではともにメダルに手が届かなかったものの、特に大会前に世界ランキング２位にまで上昇した男子日本代表チームは、「史上最強」

と呼ばれています。

イタリア・セリエAの「ヴェロ・バレー・モンツァ」から「サントリーサンバーズ大阪」へ移籍した高橋藍《らん》選手、日本代表の〝左の大砲〟西田有志《ゆうじ》選手（大阪ブルテオン）、ブラジル代表をワールドカップ２０１９の優勝に導き、ＭＶＰを獲得したアラン・ソウザ選手（東レアローズ静岡）など、世界トップレベルのプレーが見られるのもＳＶリーグの大きな魅力です。

世界トップレベルといえば、圧倒的な強さを誇る中国に〝追いつけ追い越せ〟の勢いで迫っている卓球には、「Ｔリーグ」（テーブルテニスリーグ）があります。

実は僕もよく知らなかったのですが、男子６チーム、女子６チームによるリーグ戦で、試合形式は３シングルス、１ダブルスの４マッチ構成。４マッチのうち３マッチを取ったチームが勝利となり、２対２になった場合は「ビクトリーマッチ」を行って勝敗を決定するとのこと。
早田ひな・伊藤美誠選手が所属する「日本生命レッドエルフ（大阪府）」、平野美宇・張本美和選手が所属する「木下アビエル神奈川」、張本智和選手の「琉球アスティーダ（沖縄県）」などが、北は北海道から南は沖縄まで全国をまわり、激戦を繰り広げています。

このほか、ラグビーの「ジャパンラグビーリーグワン」、女子プロサッカーリーグ「WE《ウィー》リーグ」、女子バスケットボールの「Wリーグ」、男女それぞれのソフトボールリーグ、ハンドボールリーグ、バドミントンの「S／Jリーグ」、野球の独立リーグなどなどが行われています。

なにも「メジャー」なスポーツにこだわることはありません。
自分に縁のある町、あるいはその近郊に、何かしらのスポーツクラブがあったなら、一度、観戦に出かけてみてはいかがでしょうか？

地域密着を心がけるクラブチームでは、試合前にバスから降りて競技場に入る選手をハイタッチで出迎えられたり、練習をグランドレベルで見学できたり、試合後に選手がサインしてくれたりといったファンサービスを実施。試合のない日は選手やスタッフが、地元小学校や福祉施設などでのスポーツ教室や講演活動、清掃や植樹活動、地域イベントやお祭りに参加するといった地域貢献に努めています。

競技場まで足を延ばせば、案外、その魅力にハマるかもしれませんよ。

野球と相撲は似ている？

現在も連載漫画を２本抱えている僕は、ほぼ休みなく仕事をしています。仕事場ではテレビをつけていても音を聞いているだけで、ほとんど見ていません。スポーツ観戦も手を動かしながらの〝流し見〟になってしまうのです。

そうなると、観戦できるスポーツは限られてくる。子供の頃から好きだったボクシングや、ワールドカップ関連の日本代表戦が気になるサッカーなどは、画面から目を離している間に勝敗が決してしまうことが少なくないからです。

ボクシングのタイトルマッチでの豪快なＫＯパンチや、１―０で勝ったサッカー代表戦での見事なミドルシュートは絶対に見逃したくない。そんな〝決定的瞬間〟は釘付けになって観たいので、どうしても観たいと思う試合だけに絞って、あとは我慢することにしています。

一方、ある程度までなら「流し見」や「ながら観戦」でも楽しめるのが、相撲やゴルフ、野球です。

プレーとプレーの間に合間がありますから、ずっと画面を見つめていなくても、耳で実況を聴いていれば、取り組みだけ、ショットやパットだけ、ピンチやチャンスのときだけを観ることができるからです。

自分の〝推し〟の選手だけを観てもいいわけで、「ながら観戦」も難しくありません。

これは余談になりますが、アメリカ出身の作家ロバート・ホワイティング は、アメリカで誕生した野球が日本で人気となったのは、「相撲のように比較的ゆっくりしたペースが日本人の性質に合っている」と指摘。野球のマウンドと土俵、対戦の合間にホームベースを掃く審判と土俵を掃く呼出《よびだし》の姿、ピッチャーが手にするロジンバッグ（滑り止め）と力士が撒《ま》く塩……が似ているという外国人ならではの見方を紹介し、「投手と打者の一騎打ちは、一瞬のタイミング、そして精神力と体力の調和という点で、相撲や剣道などの武道と心理学的に似ている」と述べています。

なるほど、そういわれれば、日本の国技である相撲と、人気ナンバー1スポーツであり続ける野球には、いくつかの共通点があるようです。

箱根駅伝を楽しむ

もう一つ、「ながら観戦」が難しくないスポーツに、日本発祥でありながら今では国際語になっている「ekiden」――「駅伝」があります。

そしてこの僕は、「エキデニスト」と呼ばれるほどの駅伝好き。ぜひとも駅伝の魅力、奥深さに触れてほしいと願っています。


エキデニストになったきっかけは、２０２４年に記念すべき第１００回を迎えた「箱根駅伝」（東京箱根間往復大学駅伝競走）でした。人気、注目度、大会規模など、大学駅伝の頂点といえる大会です。

毎年お正月の２日と３日、東京大手町の読売新聞東京本社前から神奈川県箱根町までの往路１０７・５キロ、復路１０９・６キロ、合計２１７・１キロを、往路復路５人ずつ10人のランナーが駆け抜けます。
出場できるのは、前回大会の上位10校と、毎年10月に行われる予選会を勝ち抜いた上位10校ですが、この予選会には「１万メートル34分以内」という公認記録を持った選手が10人以上いないと出場できません。

これがなかなか厳しいのです。

２０２４年の予選会は、10の出場枠を狙って43校がエントリーしました。予選会は駅伝形式ではなく、各校から10～12人、総勢およそ４５０人のランナーがハーフマラソン（21・０９７５キロ）を一斉に走り、上位10人の合計タイムによって競われます。

熾《し》烈《れつ》なレースの結果、前回の箱根駅伝で14位だった立教大学が優勝。前回は出場できなかった専修大学が2位に入り、山梨学院大学、日本体育大学などの常連校が続きました。

10位で出場を決めた順天堂大学と、11位で涙を飲んだ東京農業大学とのタイム差は、わずか1秒。前回大会11位で惜しくもシード権を逃した東海大学は、上位10人の平均タイムが予選会出場校のうち2位であったにもかかわらず、まさかの14位に沈んでいます。

箱根駅伝のドラマは、すでに始まっているのです。

さらに、この予選会で出場権を逃した大学のなかから、タイムの良かったランナーを1名ずつ選出する「関東学生連合チーム」が編成されます。このチームを加えた全21チームが、1月2・3日の本大会に出場するのです。

もはや正月の風物詩となっている箱根駅伝は、テレビ離れが進む近年でも30%《パーセント》に迫る視聴率を稼ぐ人気イベントですが、いまだに「サッカーや野球はわかるけど、ただひたすらに走っているのを観て、いったい何が面白いの？」などと〝けしからん〟ことをいう人がいます。

エキデニストの僕はそんな人に、「あなたは駅伝の観方を知らない。楽しみ方を知らないのです」といいたい。

駅伝には、いろいろな楽しみ方があるのです。

第一に、少なくとも高校時代からの選手のパーソナリティを知ることです。

『陸上競技マガジン』（ベースボールマガジン社）などを見ると、「全国高校駅伝（全国高等学校駅伝競走大会）」「全国男子駅伝（天皇盃 全国都道府県対抗男子駅伝競走大会）」、トラック競技なら「インターハイ（全国高等学校総合体育大会）など、高校生が出場する主要大会の結果が掲載されています。

ネットでは、出場成績をポイント化してランキングにした「全国高等学校リモート陸上競技大会」という日本陸上競技連盟公式サイトもあります。

それらのデータをチェックして、有力選手に目をつけておくのです。

２０２４年12月の時点で、男子５０００メートルの高校記録は13分22秒99。将来有望なランナーの目安となっているのが、「13分台」です。野球のピッチャーでいえば、球速１５０キロということになるかもしれません。

そんなランナーがどの大学に進学するのか、入学後の調子はどうなのか……を追いかけていく。

順調にいけば、毎年10月のスポーツの日に開催される「出雲駅伝（日本大学選抜駅伝競走）」で大学駅伝デビューを飾り、11月第1日曜日の「全日本大学駅伝（全日本大学駅伝対校選手権大会）」を経て、いよいよお正月の「箱根駅伝」に出場することになります。

この3つは、「大学三大駅伝」と呼ばれています。

たとえば、佐久長聖高校時代に5000㍍で13分58秒66を記録した大迫《おおさこ》傑《すぐる》選手は2010年に早稲田大学に進学し、出雲駅伝でまずまずのデビューを飾り、全日本大学駅伝では2区で7人抜きの快走。2011年の箱根駅伝では1区で区間賞の走りを見せ、1年生ながら早稲田を大学駅伝三冠に導きました。

大学卒業後は日清食品と契約し（２０１５年に解消）、２０１４年に３０００ｍ《メートル》、翌年に５０００ｍ《メートル》、２０１８年と２０２０年にはマラソンの日本新記録を２度にわたって更新し、６位入賞を果たした２０２１年の東京オリンピック終了後に現役を引退。30歳となった翌年に現役復帰を表明しました。

もちろん、その一方では、高校時代のエースランナーが大学で伸び悩み、あるいは故障してしまい、目立った記録も残せぬままに陸上界を去っていった選手も少なくありません。

箱根駅伝で大活躍しながら、実業団へ入ったとたん、極度の不調に陥った選手もたくさんいます。

アスリートとしてのピークは、選手それぞれのパーソナリティ、目標の立て方、指導者との出会いや相性の良し悪し、運不運などによっても大きく変わります。

そんなパーソナリティを知ってから観る駅伝と、知らないままに観る駅伝とは面白さがまったく違うのです。

エキデニストは、レースはもちろんのこと、その背景にあるランナーの人間模様を、そのドラマを観ているのです。

エキデニストになる

駅伝は、各区間を一人で走る個人競技でありながら、あくまでもチームでの勝利を目指す団体競技であることに大きな魅力があります。マラソンとの大きな違いですね。

一本の襷《たすき》を10人のランナーがつなぐことで、〝筋書きのないドラマ〟の展開が、よりドラマチックになるのです。

そんな駅伝観戦は、間違いなく面白い。

ある程度の予備知識があれば観るだけでも十分面白いのですが、予想を立てて観戦すると楽しみが何倍にもなります。

ランナー一人ひとりのベストタイム、スピード、スタミナ、精神力、コンディション、チーム全体の合計タイム、補欠選手の力量などを入念にチェックして、1~3位までを的中させるのです。

勘《かん》に頼るのではなく、データと情報を基にした知的な推理ゲームといっていいでしょう。

お正月に開催されることもあり、エキデニストの僕は現場に足を運ぶこともあります。箱根まで行くと、宿泊しなくては帰ってこられなくなってしまうので、ポイントはスタート地点である大手町の読売新聞本社前です。

スタートは午前8時、その1時間半前くらいに車でスタート地点に向かっていくと、メーターパネルにある外気の温度計が少しずつ上がっていきます。

そこに集まっている応援団や観客の熱気で、0度くらいの気温が2~3度まで上がっているのです。

現場に着けば、スタート地点の少し先に設けられた応援エリアに、各大学の応援団が準備万端で待機しており、応援解禁の7時ちょうどから、チアリーディングと吹奏楽部などによる華《はな》やかな応援が開始されます。

2025年には出場できませんでしたが、東京農業大学は名物の「大根踊り（青山ほとり）」を披露します。

もちろん下は硬いコンクリートですが、チアリーディングのジャンプの高さはなかなかのもので、見ているこちらが心配してしまうほどの迫力。応援はランナーが通過した時点で終了しますが、あの熱気は一見の価値があります。

各大学がスポーツ新聞の体裁で、自前で作って配布しているオリジナルの新聞を集めるのも楽しみの一つです。

箱根駅伝の区間中でもっとも距離が長く、最初の難所ともいわれる「権太《ごんた》坂《ざか》」があることなどから、各大学のエースランナーが集まるとされる「花の2区」は、神奈川県の鶴見から戸塚までの23・1キロ。そのスタート地点となる鶴見中継所も、現場に足を運ぶ際のお勧めポイントです。

長丁場の箱根駅伝においても、スタートダッシュはやはり重要。特に近年は1～3区にエース級のランナーを並べるチームが多いため、鶴見中継所ではテレビや雑誌などに取り上げられるようなスター選手を、間近に見られる可能性が高いのです。

アップしている選手の写真をスマホでパチパチ撮影したり、「キャー」などと声援を送ったり。

ただコース中でも屈指の人気スポットのため、選手たちが通過する３時間ほど前にはすでに結構な人がいます。トップ通過はちょうど９時くらいでしょうから、６時前には到着しているべきでしょう。

また、あまりお勧めできませんが、もしも車で向かう場合、中継所の２キロ以上先の駐車場を利用して、そこからトボトボ歩いて行くことになります。到着したときには陸橋の上も人だかりで、応援する人の後頭部しか見えなかった……なんてことになりかねませんから、公共交通機関のご利用をお勧めします。

電車の場合、京浜急行電鉄の鶴見市場駅から徒歩約５分です。

箱根駅伝の魅力にハマったら、出場したスター選手の多くが大学卒業後に登場する実業団日本一を決める「ニューイヤー駅伝（全日本実業団対抗駅伝競走大会）」が楽しめるようになります。

開催日は毎年1月1日。そうなったらお正月の三が日は、どっぷり駅伝の魅力に浸ることができますよ。

これまで、スポーツ観戦に興味のなかったあなたも、〝筋書きのないドラマ〟を一度味わってみませんか。

第三章

家の外で遊ぶ

達成感を味わう

ちょっとした目標を立てて、挑戦してみる。

それができたときは、達成感を存分に味わう。お祝いに、ビールでも飲んだらいかがでしょう。

できなかったら、タイミングを見計らってもう一度挑戦する。そうすれば、今度はできるかもしれません。

そんなチャレンジを楽しんでみませんか。

提案したいのは「毎日８０００歩、歩く」というチャレンジです。

今はスマホに万歩計がついていますから、今日の歩数、昨日の歩数、先週の歩数、昨年の歩数などがちゃんと記録されているはずです。

行動する際、スマホをできるだけ持っているようにして、寝る前に今日一日の歩数を確認してみてください。

さてあなたは、今日一日でどのくらい歩いたのでしょうか。

「1日8000歩」というのは、厚生労働省が〝健康づくり〟のために推奨している身体活動量を歩行数に換算した数値で、20〜64歳であれば1日あたり8000歩、65歳以上なら6000歩とされています。

ウォーキングは、酸素によって体内の糖質や脂質をエネルギーに変え、燃焼させる「有酸素運動」の代表格。足腰への負担も少ないし、道具も不要、費用はほとんどかかりません。

そんな気軽なウォーキングですが、「１日８０００歩」を続けることで、ダイエット、中性脂肪の低下、悪玉コレステロールの減少、脳卒中や心臓病などの原因となる動脈硬化リスクの軽減、糖尿病の予防・改善、腸内環境の改善、血圧安定、心肺機能の向上、骨粗しょう症の予防、老化防止、ストレス解消……といった効果が期待できるのです。

健康のためにも、その第一歩を踏み出してみませんか。

ところで、「８０００歩」とは、どのくらいなのでしょう。
まずは距離。歩数ですから体格、特に足の長さによって変わってくるのですが、身長１７０センチの人の平均的な歩幅は約70センチ、１６０センチなら約65センチとされていますから、１７０センチの人なら約５・６キロ、１６０センチなら約５・２キロとなります。

時間で考えると、一般的な歩行速度は時速約４キロで、ウォーキングの目安とされているのは、10分間に１０００歩だそうです。

８０００歩を歩くなら約80分、つまり、１時間20分ほどかかることになりますね。

「１日８０００歩」といわれて、理由もなく「できそうだ」と思ったのに、「１日５・２キロ」や「１日１時間20分」と聞くと、「それは無理」「そんな時間はない」と感じるかもしれません。

たしかに５キロはなかなかの距離だし、５キロ歩くためにかかる１時間20分は長時間といえば長時間。

「ただでさえ忙しいのに、１時間20分も捻出できないよ」という声が聞こえてきそうです。

ですが、せっかくのチャレンジですから、まずは８０００歩を目標に、歩き始めてみませんか。

できなかったら、目標を６０００歩に、５０００歩に減らせばいいのです。勧めているのは達成感を味わうことで、苦行ではありません。

「８０００歩、歩かねばならない」「一度決めた目標は、達成しなくてはならない」などと考えて自分を追い込んでしまったら、この本のテーマ「人生を楽しむ」が本末転倒になってしまいます。

「〜しなくてはならない」「〜すべきである」のような考え方は、その意味を持つ英単語「must」を使った「マスト思考」、あるいは「すべき思考」などと呼ばれています。

この「マスト思考」がネガティブな気持ちを増幅させ、ストレスを溜めこみ、やがては対人関係を悪化させていきます。

「マスト思考」は、人生をつまらなくする元凶なのです。

「認知の歪み」という言葉をご存じでしょうか。

自分の考え方の癖に囚われて物事を解釈し、違う解釈を受け入れることが難しくなっている状態。また、そのように誇張的で非合理的な思考パターンに陥っている状態をいいます。

この「認知の歪み」の代表例が「マスト思考」なのです。

「マスト思考」は、嫌なことをしているときに陥りやすい考え方です。

嫌いな人と「仲良くしなくてはいけない」

出されたものは、嫌でも「食べなくてはいけない」

何度失敗しても、できるようになるまで「やらねばならない」

そこで僕は、人生を楽しむための原則として「嫌なことはやらなければいい」と考えます。

いい加減に聞こえるかもしれませんが、嫌なやつと仲良くする必要はないし、嫌いなものを無理して食べる必要もない。失敗を繰り返してもできないことは「まあ、いいか」と諦めてしまえばいい。

そうしていれば「マスト思考」に陥ることもないわけです。

この「マスト思考」の対極にあるのが、「〜したい（want)」という「ウォント思考」です。

「嫌なことはやらない」

そして、

「やりたいことをやる」

勧めたいのは、「マスト思考」から「ウォント思考」への脱却です。

嫌なやつでも「仲良くしたい」と思うなら、そのための工夫をすればいい。「食べたい」のなら、鼻をつまんででも食べてみましょう。「できるようになりたい」と思えば、失敗にくじけずにチャレンジを続けてください。「ウォント思考」に基づく行動は、ストレスにならないはずです。

「ウォント思考」で始めたことでも、いつの間にか「マスト思考」に陥ることもあるかもしれません。

それに気づいたら、すぐにやめてしまいましょう。

見知らぬ駅で降りてみる

長くなりましたが、話を戻します。

僕はあなたが「毎日、８０００歩を歩いてみたい」と思うなら、「ぜひともチャレンジしてほしい」と思うのです。

ただ漠然といつもの道を歩いているだけでは、あまり面白くありません。楽しむための工夫が必要ですよね。

毎週土曜日の朝9時25分から、日本テレビ系で放送している『ぶらり途中下車の旅』という番組があります。毎週、俳優や歌手、タレントなどが「旅人」として電車に乗り、気の向くままに途中下車した見知らぬ駅で、気ままに散策するという内容です。

休みの日などに時間が取れたら、あれを一人でやってみるというのはどうでしょう。

特定の目的地へ向かうのではなく、「面白そうだなあ」と思ったほうへどんどん進んでいくのです。

今はスマホに地図機能がついていて、見知らぬ場所へ行ってもちゃんとナビゲートしてくれますが、そんなときには使わずに「足の向くまま気の向くまま」どんどん歩いていきましょう。

お腹が空いたら、良さそうな店に入って、うまそうなランチを食べる。勘が外れて、うまくないかもしれないけど、それもまた醍醐味《だいごみ》です。

時間が許す限りであれば、道に迷ったっていい。本当に困ったら、ナビに頼ればいいのですから。

そんな冒険、考えただけでもワクワクしてきます。

東京に住み始めて、かれこれ60年近くにもなる僕でさえ、行ったことのない街、降りたことのない駅が、まだまだ都内にあります。

遠出なんかしなくても、隣の駅の周辺にだって、一度も歩いたことのない道が残されているのではないでしょうか。

見知らぬ道を歩けば、小さくても何か発見があるはずです。

驚くほど急な坂があったり、見晴らしのいい高台があったり、古そうなお地蔵さんが立っていたり、妙齢のご婦人と擦れ違ったり……。

そんなことに、楽しみを見出せるかもしれません。

そこまで時間が取れない人は、仕事の日に家を出る時間を少しだけ早めて、駅までのルートを変えてみる。

最寄駅から会社までのルートを、ちょっとアレンジするのもいいですね。

もう少し時間が取れるなら、一つ手前の駅で降りてみるとか。一つ先の駅まで歩いてみるとか……。

どうでしょう。

少しは歩く気になってきたでしょうか。

インスタで遊ぶ

知人の話をします。

彼は新型コロナウイルスの影響で多くの人と接する電車通勤を避け、1時間ほどの道のりを歩いて出勤するようになりました。

空気もきれいな早朝の散歩は気持ちいいのですが、1週間もすれば、ただ歩いていることに飽きてくる。

何か楽しめることはないかな……と思いながら歩いていたある朝、不動産屋の店先のプランターに、輝くような純白のカサブランカが咲いていたのです。

思わず足を止めた彼はポケットからスマホを取り出し、1枚、2枚、3枚と、角度を変えてその花の写真を撮りました。

花の写真を撮るなんて初めてのことでしたが、最近のスマホのカメラは性能がいいもので、思いのほか美しい写真が撮れたのです。

その数日後、彼は仕事仲間のＫくんから、「インスタ（Instagram）始めたから見てみてよ」といわれました。しかし、「インスタ」が、スマホなどで撮影した写真を投稿し、不特定多数の人々に見てもらうＳＮＳ（ソーシャル・ネットワーキング・サービス）の一つであることは知っていたものの、どうやって見るのかがわかりません。

そこで彼はインターネットでインスタについてちょっと勉強し、アプリをダウンロードして自分のアカウントを作成し、Ｋくんの投稿を見ることができました。

そこまでの作業はわずか数分で終わる簡単なもので、インスタを使用するための料金も一切かかりませんでした。

Ｋくんの投稿は、ゴルフ場で自分の顔を撮影した「自撮り写真」で、コメント欄に「二か月ぶりのゴルフ。平日ゴルフ最高！」とだけ書いているシンプルなもの。Ｋくんのフォロワーは２６１人、Ｋくんがフォローしている人は２４９人と記されていました。

過去の投稿を見ると、ランチで食べたラーメンやパスタ、ディナーで食べたすき焼きやお寿司の写真、ゴルフ場から撮影したと思われる富士山の写真などで、知人に近況を知らせつつ、自身の行動を記録しておく「写真日記」という感じでした。

他のアカウントに目を移すと、Ｋくんと同じような「写真日記」、名所・

旧跡など世界の絶景、食べた料理ばかりをアップしたグルメ、犬や猫、馬やパンダなどの動物、ちょっと色っぽい写真（インスタにヌード写真を投稿すると、間もなく削除されるそうです）、花の写真などの投稿が多いことを知りました。

そこで彼は、先日撮影したカサブランカの写真を思い出し、何のコメントも付けずに投稿してみました。すると、ポツポツと「いいね！」を付けてくれる人が現れはじめ、翌日までに18人からの「いいね！」が集まりました。それは少ない数でしたが、付けてくれたのは全員外国人で、英語、フランス語、スペイン語、韓国語など国際色豊かです。

それにハマった彼は、散歩中に見つけた美しい花、珍しい花の写真をスマホで撮影し、毎日1枚か2枚、必ず投稿するようになりました。

「いいね！」の数は着実に増えていき、自分でも納得できるキレイな写真を投稿すれば、いつもより多くの「いいね！」が付き、「Awesome（素晴らしい）」などのコメントが届きます。

撮影したときは気づかなかったのに、あとで見返したらピントがずれていた写真を仕方なく投稿すると、「いいね！」は少なくコメントも届きません。そうなると、「いい写真を撮ろう」という張り合いが出てきます。

しばらくすると初めてのフォロワーが現れ、日本人からのコメントも届きました。お礼の返信をすると、さらに返してくれる人もいて、やがて天気の話や家族の話など、翻訳ソフトを利用しながらではありますが、世界各国の人たちとの会話が楽しめるようになりました。

その頃、彼はインスタのなかに、投稿から24時間で自動的に削除される「ストーリーズ」という機能があることを知りました。24時間限定なので、1枚の画像や短い動画を、より気軽に投稿できるのです。

面白いのは、「ストーリーズ」に投稿された画像のなかにある「お題」です。「最近読んだ本」「お気に入りの一枚」「空、つなげてください」「橋を見せて」「椅子のある風景」「奥行きをください」「赤いものを見せて」「食べ物の写真」「秋色」「朝焼けか夕焼け」「乗り物でつなげよう」「今日か昨日撮った写真」……といった「お題」付きの画像が数多く投稿されていました。

間もなく彼は、さまざまな「お題」に応えた〝ちょっと気の利いた〟写真を投稿することが楽しくなったのです。

それからの散歩は、彼にとって有意義なものとなりました。

第一の目的は、美しい花、珍しい花の写真の撮影。時間のある日は、花壇やバラ園などがある大きな公園まで足を延ばすこともあります。
それに加えて、ストーリーズの「お題」に応えるための、いろいろな写真を撮っておきたい——。インスタを楽しむようになってから、彼は「散歩をしているときの視野が広がった」と話しています。

青い空、ちょっと変わった形の雲、名前のわからない小鳥、壁の隙間から芽を出している草花、日によって水位が変わる川、同じ時間でも角度や長さが変わっていく自分の影……などに目がいくようになり、季節の変化、移ろいに気づくようになったというのです。

初めての投稿からしばらくの間、フォロワー数はなかなか増えませんでしたが、１００人に達した頃からどんどん増えるようになり、３年目に入った現在では４０００人以上になっています。

はっきりとはわかりませんが、感覚としてはフォロワーの約半数が外国人。彼は、日本各地はもちろん、ロンドン、パリ、ロサンゼルス、モスクワ、ニューデリーなどに、「My dear friend」を付けたメッセージを交換できる〝友達〟がいるのです。有名人でもなんでもなく、花の写真だけを投稿している彼のフォロワーが、世界各地に2000人もいるなんて、ちょっと驚きですよね。

2024年11月にはオーストラリアで、インスタ、フェイスブック、X(旧ツイッター)、ティックトックなどのSNSの利用開始年齢を、16歳以上とする法案が可決されました。

フランスでは15歳未満のSNS利用に保護者の同意が義務付けられ、アメリカのフロリダ州、ユタ州、オハイオ州などにも、子供の利用を制限する州法が制定されています。

日本でも、ＳＮＳを介したいじめや性被害、闇バイトへの勧誘、有名人を騙ったニセ広告による詐欺被害などが重大な社会問題となっています。生成ＡＩの進歩などにより、現実には存在しないフェイク動画などが拡散している現在、ＳＮＳに対する何らかの規制は必要なのかもしれません。

総務省は、世界のＳＮＳ利用者数は２０２２年の45億９０００万人から、２０２８年には60億３０００万人に増加。国内では２０２２年の1億２０００万人から、２０２７年には1億１３００万人にまで増えると予測しています。

国内の増加率は世界に比べて低いように見えますが、日本の総人口は２００８年をピークに減少に転じており、２０２７年には1億１５００万人になっていると推計されています。そのうちの1億１３００万人ですから、全国民の98パーセント以上がＳＮＳを利用している世の中になるというわけです。

現在の日本において、先ほど触れたようなＳＮＳにまつわるさまざまな弊害が叫ばれている一方、ＳＮＳを利用して人気者となり、生業《なりわい》にしている人もいれば、僕の知人の彼のように、世界各地に友達をつくった人もいます。

いい面と悪い面、メリットとデメリットの両面を持つＳＮＳは、使い方によって薬にも毒にもなる、大変危険な〝諸《もろ》刃《は》の剣〟です。

あなたが投稿した画像やコメントは、一瞬のうちに世界へ向けて発信・拡散され、あとで削除したとしても完全に消去することはできません。

投稿は、くれぐれも慎重に。

一人旅を味わう

僕には、思い出深い旅があります。

もう50年以上前のことですが、漫画家を志して松下電器（現在のパナソニック）を退職し、デザインの仕事を引き受けていた頃の一人旅です。

日本全国のサイクリングロードの写真を月ごとに載せるという、ある会社のカレンダーの企画で、カメラマンによる本撮影の前に、僕一人で撮影ポイントや交通事情などを下調べするためのロケハン（ロケーション・ハンティング）の旅に出たのです。

北は北海道から南は九州まで、空港または最寄り駅でレンタカーを借り、日のあるうちは最善の撮影ポイントを求めて、サイクリングロードの周辺を走り回りました。

その日に泊る宿を探すのは、撮影ポイントの当たりがついた夕刻になってから。今ではちょっと考えられませんが、当時の田舎《いなか》にはビジネスホテルなんてほとんどありませんでした。

予約サイトなんてもちろんないし、前もって宿の予約ができるガイドブックもあまり出ていません。

そして何より、若かった僕は、「予約しなくたってなんとかなるさ。いざとなったら車で眠ればいい」と高をくくっていたのです。

その結果は……「なんとかならなかった」こともありました。

旅館や民宿など、泊まれる宿自体も少なかったし、ようやく探し当てた宿を訪ねても、その日に突然現れた〝よそ者〟は警戒されるのか、断られることも少なくなかったのです。

そんなスリルも、なかなか味わえない一人旅のスパイスとして味わいました。

一切の束縛のない解放感、知らない場所で知らないものに触れる冒険的ワクワク感、今日初めて会った〝知らない人〟とかわす会話のなかに、なぜか感じる温かみ……それらはすべて初めての体験でした。

あのロケハンは、20代の僕に一人旅の楽しさを教えてくれた、忘れられない思い出になりました。

「未知」に身を置く一人旅は、好奇心を満たしてくれる最高の娯楽かもしれません。

そんな〝一人旅の究極〟といえるのが、２０２０年の流行語大賞のトップ10にも選ばれた「ソロキャンプ」ではないでしょうか。

たった一人で電気も水道も通っていない大自然の中に身を投じ、正真正銘の孤独を味わう。

誰にも邪魔されない、誰とも話さないどころか、見える範囲には誰もいない。何の音も聞こえない。夜になったら何も見えない。山奥へ行けば、スマホの電波も届かないかもしれません。

ソロキャンプの流行は、情報氾濫がますます加速するネット社会から逃れたい、自分だけの時間を過ごしたい、少しの間だけでも「放っておいてほしい」という、現代人が持っている密かな願望の表れなのかもしれませんね。

ソロキャンプをすると、「五感が研ぎ澄まされる」といいます。

たった一人、自然の中に身を置くことで、身を守るという本能が働き、危険を察知するための視覚、聴覚、嗅覚、触覚、味覚が、冴えわたるというのです。

興味のある方はチャレンジしてみるのもいいでしょう。

一方、「いきなりのソロキャンプは、ハードルが高い」という人のために、二つの方法があります。

一つは「ソログルキャン」――。「ソロキャンプ」と、同じテントを複数人で使用する「グループキャンプ」を融合させたキャンプです。

ある程度までの時間を二人以上の「グループ」で過ごした後、個人で用意したテントに入って「ソロ」で眠る。それ以外のルールは、参加メンバーであらかじめ決めておきます。

キャンプ場まで一台の車で行く場合もあれば、現地集合、現地解散もある。グループでゲームを楽しんでもいいし、一緒にいるのは食事だけでもいい。ソロキャンプとは違って、食材やキャンプ用具を手分けして持って行ったり、食事のメニューや料理の担当を決めておいたりすることもできます。

そして何より、心細くない。

危険な目に遭ったら、助けを求めることができる——といった利点があるのですね。

もう一つは「ソロピング」——。こちらは「ソロキャンプ」と「グランピング」を融合させた方法です。

「グランピング」をご存じでしょうか。「魅力的な」という意味の「グラマラス」と「キャンピング」をつなげた言葉で、簡単にいえば「手ぶらで行ける〝至れり尽くせり〟の豪華なキャンプ」です。

施設によっても異なりますが、冷暖房完備、バス・トイレ付きの広々とした清潔なテントに宿泊し、夕食時にはバーベキューなどの食材が用意され、頼めば調理もしてくれます。

シェフの手によるスクランブルエッグやソーセージ、ホットサンドといった朝食のオーダーも可能なので、ホテル並みのサービスを受けながら、アウトドア気分を味わう――それが「グランピング」の魅力だそうです。

このグランピング、恋するカップルや仲の良いファミリーの利用が多いと聞きましたが、ここに一人で宿泊するのが、「ソロピング」というわけです。

たった一人で豪華なディナーを味わい、好みのワインを傾け、快適な温度に設定されたテント内のハンモックに揺られ、ゆったりとした時間を過ごす。

うーん。

果たして、このような〝グラマラスなソロキャンプ〟でも、人間の五感は研ぎ澄まされるのでしょうか。

スタンプラリー感覚の旅

先ほどは特定の目的地のない〝一人途中下車の旅〟を提案しましたが、その逆をいく「巡礼」の旅にも魅力を感じます。

「巡礼」とは本来、宗教上の聖地や聖域、聖者・聖人の居住地や墓碑、奇跡が伝えられる名所旧跡などを巡り、聖なるものに近づこうとする宗教行為を意味します。

キリスト教・ユダヤ教の「エルサレム巡礼」、イスラム教の「メッカ巡礼」がよく知られていますよね。

日本の巡礼には、江戸時代に大衆文化となった「お伊勢参り」や、四国八十八ヶ所霊場を巡る「お遍路さん」、「日本百観音巡礼」（西国・坂東・秩父）や、「七福神参り」（恵比寿・大黒天・福禄寿・毘沙門天・布袋・寿老人・弁財天）などがありますが、近年ではそのルート周辺のグルメや絶景スポットなどにも立ち寄りつつ、スタンプラリー感覚で御朱印を集めるといった楽しみ方もあります。

古くは韓流ドラマ『冬のソナタ』のロケ地、近年では新海誠監督の『君の名は。』（２０１６）や『すずめの戸締り』（２０２２）といったアニメ映画の舞台となった街を訪れる旅が〝聖地巡礼ツアー〟と呼ばれていますね。

ここで提案したいのも、自分の好きなこと、興味のあることをテーマとし、そのスポットをスタンプラリー感覚で一か所一か所を訪ね歩く「巡礼」ツアーです。

テーマは、城郭、遺跡、神社、偉人のお墓などなど、「面白い」と思うものなら何でも構いません。

ルールはありませんから、自分で決めたテーマから脱線したスポットを加えたっていいのです。

まずはテーマを決めましょう。

たとえばお城なら、日本全国で見学できるのは城跡も含めると約２００か所。日本城郭協会が選定した「日本１００名城」にはまさにスタンプラリーが用意されています。

もっと絞りたいのなら、江戸時代以前につくられた「現存天守12城」を巡るのもいいでしょう。北は青森の弘前城から南は高知の高知城までと広範囲に点在しています。

最初は日帰りにして、近場から始めてもいいですね。

かつては各駅にあったように思えたのに、気がつけばすっかり見かけなくなった「名画座」を訪ねてみたり、スターバックスやドトールコーヒーなどに押され、貴重な存在となってしまった「純喫茶」や「音楽喫茶」を探してみたり。

甘いものが好きなら老舗《しにせ》の「甘味処」をハシゴしたり、煙突を見るだけで懐かしさを感じる「銭湯」の写真を撮り歩くのも楽しいかもしれません。

テーマが決まったら、まずは必ず行きたい目的地を決定。地図アプリやネットなどを駆使してその周辺の情報を集め、興味を持った他のスポット、ランチを食べる店や休憩できそうな場所をピックアップします。

たとえば、テーマを「京都の坂本龍馬」として、メインの目的地を龍馬が暗殺された「近江屋跡」に決定します。

地図を見ると、すぐ北に「坂本龍馬の像」が置かれた「土佐稲荷」がある。さらに北に行くと、龍馬の妻・お龍《りょう》が独身時代に住んでいた寓居《ぐうきょ》跡があるけど、石碑だけだから見なくてもいいかな……。

もっと北に行くと、新選組が大活躍した「池田屋事件」の跡地を発見。今は居酒屋になっているのか。龍馬には関係ないけど、見たいなあ。夜はここで飲んでみようかな……などなど、地図とにらめっこしながら移動距離や所要時間を調べ、オリジナルの〝巡礼ルート〟を組んでみるのです。

こうした準備の段階で、ワクワクしてくるのではないでしょうか。

日本酒好きの人は、「酒蔵」を巡る旅はどうでしょう？

国税庁はホームページで、地域別の「酒造マップ」を公開しています。ちょっと覗いてみたところ、僕の出身地である山口県岩国市には、「雁木」で知られる八百新酒造、「村重」の村重酒造、「五橋」の酒井酒造、「金雀」の堀江酒場、「獺祭」の旭酒造という5つの清酒蔵元が載っていました。

関西エリアなら、滋賀県の20蔵、京都府の22蔵、大阪府の10蔵、奈良県の14蔵、和歌山県の9蔵、〝灘の酒〟で知られる兵庫県は43蔵が掲載されています。地図に所在地が記されているので、ルートを組むのに便利そうです。

東京都には、23区内にわずか1蔵しかありません。１９０９年に廃業し、１００年以上を経て復活した東京港醸造です。23区外には、東村山市、福生市、あきるの市などの８つの蔵元が紹介されていました。

この酒造マップには地域によって、蔵見学の可否、予約の要不要、売店・レストランの有無も表示してあるので、〝蔵元巡礼〟の貴重な資料となるでしょう。

ちなみに、都道府県別で最多の酒造数を誇るのは新潟県の89蔵で、日本全国にある蔵元の総数は約１６００蔵。焼酎蔵と、地ビール（クラフトビール）の醸造所「ブルワリー」はほぼ同数の約８５０、ワイナリーは約４７０、ウイスキー蒸留所は約１１０か所といわれています。

お酒の巡礼の旅は、どれもなかなか手ごわいようです。

初めての店を楽しむ

少し前に雑誌か何かで、「男性は馴染《なじ》みの店に行きたがり、女性は新しい店に行きたがる」という記事を読みました。

そういわれてみると、確かに思い当たる節があります。

グルメ雑誌やSNSで新しい店の情報を調べているのも、「○○に新しいお店ができたから、今度行ってみようよ」と誘ってくるのも、開店した店にいち早く入って味を確かめ「あのお店、ちっとも美味しくなかった」とがっかりした表情を浮かべるのも、圧倒的に女性が多いように思えます。

一方、男性に「今日はどこで飲む？」と聞いてみると、「いつもの店でいいんじゃない」というので、「昨日はどの店に行ったの？」ともう一度問うと、「○○だよ」と当たり前のように「いつもの店」の名を挙げたりします。２日連続で同じ店に行ったって、まったく気にしないというわけです。

さらに、そんな男性は「いつもの店」に行くと、「いつものやつ」といって「いつもの酒」を飲み、「いつもと同じ肴」を頼んだりする。

彼の「馴染みの店」なので、注文する前に女将《おかみ》さんが「いつものやつね？」といって「いつもの酒」を出すこともあります。

世の多くの男は、馴染みの店をつくり、常連客としての扱いを受け、メニューに悩むこともなく、勘定の見当もつけやすい——そんな環境が心地よく、楽だと感じるのかもしれません。

「ここは俺の縄張り」というテリトリー意識も強いのでしょう。

ところが、僕にはその感覚がさっぱりわかりません。

冒頭の分類に従えば、僕は完全に女性です。

何を隠そうこの僕は、数年前まで雑誌『Hanako』に掲載された注目店や、定期的にやっていた「おいしいお店グランプリ」などを必ずチェックし、時間を作っては足を運んでいました。

自他ともに認める〝Hanakoオヤジ〟だったのです。

最近ではスマホを駆使して、評判のいいお店をチェックしておき、講演などの仕事であまり馴染みのない街へ行くことになったら、チェックした店がその周辺にないかを調べてから出かけます。

特にラーメンは新規開店が多いので、友人知人と常に情報交換して、出先で時間を捻出しては、行ったことのないお店に行くようにしています。

〝好奇心旺盛〟なもので、できるだけ知らないお店に行きたいのです。

たとえば、小洒落た小料理屋。

行ったことのない店のドアを開け、初めて目にする品書きを吟味して、口にしたことのない肴と酒を頼みます。

大将はどんな人柄だろう、どこで修業したのかな。

あの女将は大将の奥さんかな。

掛けられた書、古伊万里の花瓶、一輪挿しの花のセンスもいい……などと興味は尽きません。

肴が出てくれば、初めて見る盛り付けや皿に注目しつつ、味つけを楽しみます。

いつもの店では味わえない、僕にとっての至福の時間です。

馴染みの店に通い詰める人は、

「○○さん、今年もシンコが始まりました」

「いいノドグロが入ってますよ」

なんていわれて嬉《うれ》しいのかもしれませんが、そういわれたら、たとえ食べたくなくたって、頼まないわけにはいかなくなります。

1～2週間行かなかっただけで、「そろそろ顔を出さなきゃいけないな」なんて考えてしまうのも嫌だし、顔を出せば出したで大将に、「先生、少しご無沙汰でしたねぇ」なんていわれるのも煩わしい。

馴染みの店を持つメリットを、僕はほとんど感じないのです。

そんな僕は先日、「自分の志向と行動は正しいんだ」と確信できる記事に出会いました。

脳のなかに〝記憶の司令塔〟と呼ばれる「海馬《かいば》」という部位があります。日常生活や勉強によって得た情報は、いったんすべて海馬のなかで整理され、長期記憶として残しておくべき情報は大脳皮質に送られ、新しい記憶は海馬に保存されます。

新しく覚えたことを忘れてしまうのは、必要ないと海馬が判断したためで、酒を飲みすぎて記憶がなくなるのは、過度のアルコールが海馬の働きを鈍くしているためだそうです。

米・英の神経科学者ジョン・オキーフは、この海馬のなかに「場所細胞」を発見し、ノーベル生理学・医学賞を受賞しました。

生物は基本的に自分の縄張りから出ようとはしません。誤って外に出てしまった場合、二度と同様の危機に晒されないために、初めて目にするその外部の状況を明瞭に記憶しようとします。

このときに場所細胞が刺激され、記憶力を亢進《こうしん》させる「シータ波」を発生させます。つまり人間を含む生物は、縄張りから出て新しい場所に移動するだけで、活性化した海馬が場所細胞を刺激。発生したシータ波の働きにより、記憶力が向上して学習・仕事効率が高まるというわけです。

精神科医の樺沢紫苑《かばさわしおん》さんは、「好奇心は記憶力増強、マンネリは記憶力低下につながります」「普段から好奇心、探求心のある生活をしていると、海馬からシータ波が出やすくなり、記憶力が高まる」と解説。さらに「場所細胞は場所を変えるだけでも刺激されますが、入力される情報量が多ければ多いほどより刺激が強まります。したがって、屋内よりは屋外を歩いたほうがいいとされています」「行ったことのない場所、はじめての場所に行くとより効果的でしょう」と結論づけているのです。

これを弘兼流にいい換えると「新しい店は記録力を増強させ、馴染みの店は低下させます」「歩くこと、つまり散歩は、記憶力増加と仕事効率アップに効果的なのです」となります。

また、この場所細胞の研究により、仕事場からファミレスに移動してネームを描いている僕の行動が、脳科学的にも効果的であったことがわかったのでした。

第四章

一人遊びの原点

絵を描く

〝身も蓋《ふた》もない〟といわれるかもしれませんが、僕が一番「楽しい」と感じることであり、最大の娯楽といえるのは「絵を描くこと」、すなわち「漫画を描くこと」です。

幸運にも、最大の楽しみを職業にすることができたのです。

絵は、物心つく頃から描いていました。

僕は、1947年9月9日に生まれました。日本国憲法が施行された年なので、同学年には「憲」のつく名前が多いのです。若乃花・貴乃花兄弟のお母さんである藤田（花田）憲子さんも、

1947年生まれです。

山口県岩国市に生まれた僕が、幼稚園に入った頃のことです。

同世代の子供たちと、初めて一緒に絵を描いたとき、とてつもない違和感を覚えました。

みんなの絵が、ふざけて描いているように見えたのです。

目は「・・」しかないし、鼻はまんまるでぷくっとしていて、耳は数字の3のようです。幼稚園入園といえば、4歳くらいでしょうか。

今思えば無理もないのですが、当時の僕は「そうじゃないだろう」と強く感じてしまい、耳はこうで、目の上には眉毛があって、目はこうなっている。鼻はこんな形じゃないし、穴もあるじゃないか……という感じで、〝指導〟

したことを覚えています。

そこで初めて僕は、絵がうまいんだと自覚したのでした。

すると母親は、二科展を毎年開催している美術家集団「二科会」の先生をどこからか探してきて、僕に絵を習わせました。個人教授で、毎日のように先生の家へ通い、絵を描くようになったんです。

あの時代、そんな子は他にいませんでした。

幼稚園でも絵を指導していたその先生から教わったのは、いわゆる「純粋絵画」（ファインアート）です。

ほぼ自由に描かせてくれながら、不思議なことを教えてくれるんです。

太陽を赤く描けば、「よく見てごらん。白や黄色に見えるだろう」曇った日の雲を全部グレーに塗ると、「よく見ると黄色がかって見えないかな」などというように。

それを聞いた僕が思い切り雲を黄色にすると、「よし、それでいい」というんです。「こんな色でいいのかな？」と心の中で思いましたけど、そんな色使いをする先生でした。

習っていて、とても楽しかったです。

その後、その先生が引っ越されたからだと思うのですが、先生が〝売れない画家〟に代わりました。

今度もやはり、1対1の個人教授でした。

新しい先生は、クロッキーからデッサンをやり、コンテ（コンテ・クレヨンの略）を使わせ、ぼかしも教えてくれました。

それから水彩、油絵、版画……一通りできる先生だったので、すべてを教えてもらいました。

11歳になる１９５８年、僕にとって衝撃的な出会いがありました。

『おもしろブック』という漫画誌に連載されていた、手塚治虫さんの『地球大戦』という漫画に出会ったのです。

僕はたちまち夢中になって、夏休みの丸々一か月間、家に閉じこもって『地球大戦』を模写しました。

そうすると当然のごとく、当時、習っていた油絵にも、手塚さんの漫画の影響が色濃く出てきます。

先生は、「こんな描き方はダメだ」

「これは漫画じゃないか」と強く否定しました。

ずっと好きだった〝絵を描くこと〟が、だんだん嫌になっていきました。

そこで僕は漫画を選び、油絵を捨てたのです。

ワンパクに遊ぶ

少年時代の僕は、毎日、絵だけを描いていたわけではありません。逞《たくま》しく、ワンパクに過ごしていたのです。

昔話を続けます。

僕の父親はサラリーマンで、母親は僕が幼い頃、岩国の米軍基地の近くで呉服屋を始めました。

そんなこともあって、小学生になった頃から、僕は夏休みになると母親の実家がある阿川という町に預けられました。

今の住所でいえば、山口県下関市豊北町阿川。

日本海に面した小さな町です。

当時の阿川には水道が通ってなかったので、近くの井戸で水を汲みに行くことから一日が始まります。

水瓶《みずがめ》の水を満たすのは、子供の役割だったのです。

その井戸にはポンプも滑車もなく、綱をつけた桶《おけ》を井戸の中に放り込み、自力で手繰《たぐ》り寄せるという〝原始的〟なものでした。

子供にはきつかったけど、あのおかげで背筋が鍛えられたのかもしれません。

水瓶を満たしたら朝ごはん。食後は海に出て遊びました。

海に飛び込み、素潜りでウニやアワビ、サザエなどを獲るのです。

大きいアワビは岩にしっかりと張り付いて、いくら引っ張ってもなかなかはがれませんでした。

うまくやらないと、ウニの中身を上手に取り出せません。

そんなコツを体験して覚えていくのが、楽しい遊びだったのです。

そういえば、岩国出身の父と阿川出身の母は、山口県で出会ったのではなく、戦争中に渡った中国大陸で偶然知り合ったのだと後に聞きました。

阿川に生まれた母は、なぜ、中国に渡ったのでしょう?

不思議に思っていた僕は、いつだったか、直接、聞いてみたことがあります。

そうしたら、僕の母はこう答えました。

「行きたかったから」！

このセリフ、冒頭で紹介した『荒野の七人』のヴィンのセリフ「面白いと思ったから」と同じですよね。

「楽しいと思ったことをやる」
「行きたいところに行く」
という僕の精神は、母親譲りだったのかもしれません。

石を集める

対照的に、父は寡黙《かもく》な人でした。

僕が小学校4年か5年になった頃、そんな父が結核を患いました。

結核の特効薬となるストレプトマイシンの発見は1944年。日本に輸入されて普及し始めたのが1950年といわれているので、まだまだ足りなかったのでしょう。父は「できるだけ栄養を摂って、休養を十分にする」という治療法に頼ることになりました。

結核はそのために「贅沢病《ぜいたくびょう》」とも呼ばれていたのです。

自宅療養となった父は、時間を持て余したのでしょう。毎週日曜日になると、スクーターの後ろに僕を乗せて、錦川《にしき》（岩国川）の上流まで川釣りに出かけるようになりました。

僕は本当は、友達と野球がしたかった。だけど母に「お父さんと一緒に行きなさい」といわれ、渋々ついていったわけです。

宮崎駿《はやお》さんのアニメ映画の舞台のような、人の手の入っていない原生林を流れる川で、父親と二人、静かに釣り糸を垂れます。

父はほとんど何も話さないし、鯉なんてほとんど釣れやしません。

遊び盛りの僕としては、とてつもなく退屈でした。

そうなるともう、空想で遊ぶしかない。

あのときの経験が、僕の〝一人遊び〟の原点になったと思います。

「面白くなかったら、自分で面白がるしかない」と考えるようになったきっかけですね。

初めのうちは、遠くの山々を眺めて、

「あの山の間から、ゴジラが出てくるかもしれない」

「ゴジラじゃなくて、ルドンの絵に描かれた〝一つ目の巨人〟が出てくるぞ」

なんて空想を膨らませていました。

それでも、毎週毎週3時間くらい、あまり景色も変わらない大自然のなかにいるもので、空想だけではもたなくなります。

そのときに目に入ったのが、少しだけ緑がかった大きな岩でした。

その岩がなぜか気になったので、釣りの道具か何かでコチンコチンと叩いてみると、断面は鮮やかな緑色をしていて、白っぽい模様が入っています。そこに何か、魅力を感じたのです。

その石の破片を持ち帰って、自宅の近くにあった石の研究所のような、変なオヤジが石を売っている石屋のような、ちょっと怪しげなところに持ち込みました。そうしたら、その石は決して高価ではないものの、装飾や建材にも使われる「蛇紋岩《じゃもんがん》」であることが判明。そのままそのオヤジに預けておいたところ、しばらく経つと5円で売ってくれました。

現在の価値で50円くらいだと思いますが、子供にとっては嬉《うれ》しかったですね。

あんな小さな破片が5円で売れるならと思い、オヤジに「すごくデカいのが河原にあったよ」といいましたけど、「そんなもん持ってこれねえだろ」と返されました。その通りです。

岩国の観光名所「錦帯橋」が架かる錦川のずっと上流には、当時、江戸時代初期から銀・銅・鉄などを産していた「河山鉱山《かわやま》」という鉱山がありました。そこから鉄くずや石が流れてきて、河原ではときどき、ちょっと珍しそうな石を見ることができました。

そんなこともあって、石に興味を持つようになった僕は、河原へ行くと釣りよりもキレイな石を蒐集《しゅうしゅう》。持ち帰っては図書館で図鑑を広げ、その石の名前や価値を調べるようになりました。

高価ではありませんが、その名の通りバラの花びらのようなキレイなピンク色をした「ばら輝石《きせき》」を見つけたときも感激しました。

オヤジのところへもちょくちょく行って、鉱山で産出される「青鉛鉱《せいえんこう》」や「方鉛鉱《ほうえんこう》」、パワーストーンとしても知られる「虎目石《とらめいし》」などを教わって、タダでもらったり、ときどき10円で買ったりしながら、箱に仕切りをつけて石を置き、石の名前と採取場所などを記した標本をつくり、それを眺めて悦《えつ》に入っていました。

キレイな水晶を手に入れて、母親の誕生日プレゼントにしたこともあります。「ありがとう」っていってくれたけど、今では「あんな水晶、いらなかっただろうなあ」と思い、悪かったと反省しています。

石集めは、僕の最初の趣味でした。

その約30年後、1985年に漫画家のつげ義春さんが、『COMICばく』という雑誌に掲載した『石を売る』を皮切りに、『無能の人』『鳥師』『探石《たんせき》行《こう》』『カメラを売る』『蒸発』という連作を不定期に発表しました。

1991年には、竹中直人さんが監督・主演を務め、『無能の人』というタイトルで映画化されました。

売れなくなった漫画家が河原で石を拾い集め、必死になって売ろうとする物語です。どことなく共感しましたね。

実際に石をコレクションしている人は珍しくありません。

5億年にわたるさまざまな岩石や地層、日本列島を二分する断層フォッサマグナの存在により、地球科学的な価値を持つ遺産「ユネスコ世界ジオパーク」に選ばれている新潟県糸魚川《いといがわ》では、「石を拾う」をテーマとした町おこしを展開しています。

新潟観光ナビのホームページには「(糸魚川市で)数年前には100万円を超える翡翠《ひすい》原石が発見されてテレビで話題になりました」との記述もありますが、探してみる価値があるのかないのかは、ご判断にお任せします。

一攫千金《いっかくせんきん》を目指さずに、自分の気に入った石を集めるコレクションであれば、お金もかからずにウォーキングも兼ねた人生の楽しみ方として、自信をもってお勧めいたします。

魚をさばく

幼い頃、毎週のように父親に連れられて行った川釣りで、僕はいろいろなことを体験し、学びました。

毎週毎週、持てあましてしまう山のなかでの時間を、少しでも有意義なものにするために頭をひねっていたのです。


最初にやったのは、少しでも魚が多く釣れるように〝おいしい餌〟をつくること。出かける前日の土曜日、魚たちをおびき寄せるための「寄せ餌」(撒《ま》き餌)をつくりました。

山から取ってきた赤土に、水と糖と酒粕《さけかす》、きな粉、カイコのサナギをすり潰した「サナギ粉」、大麦を焙煎《ばいせん》して挽《ひ》いた「はったい粉」などを混ぜ合わせて味を調整します。

魚の好みはわからないのですが、何回も吟味しながら自分なりにいい味にして「これだったら魚が食うな」なんて思いながら、よく練って団子のように丸めて、箱に何十個と入れて持って出かけました。

ポイントに着いたら、その撒き餌をポーンと投げ入れて、魚が寄ってきたタイミングで釣りを始めます。

釣り針につける餌は「サバサシ」。サバを腐らせておいておくと、蝿《はえ》が飛んできてそのうちにウジが湧いてきます。そのウジムシが一番の餌なのです。

釣れた魚は、すべてちゃんと食べました。

あの頃は「キャッチ・アンド・リリース」なんていう概念はなくて、フナだろうがナマズだろうが、泥臭くても何でも食いましたね。

刃の部分が、金色の真鍮《しんちゅう》製の鞘《さや》に収まる「肥後守《ひごのかみ》」という折りたたみ式のナイフがあって、釣ったばかりの魚の腹をそれで割《さ》いて、はらわたをとり出して洗います。

そして、キャンプみたいに、薪になる木を集めてきて、火を熾《おこ》して調理を始めるのです。

飯盒《はんごう》を持ち込んで、現地で米も炊きました。

終戦から十数年しか経っていなかったので、戦争中に使っていた飯盒が各家庭に残されていたんです。

火の熾し方、米の炊き方、魚のさばき方……〝アウトドアの基本〟というより〝サバイバルの基本〟のようですが、それらはすべて父から教わりました。

だから僕は、ソロキャンプにも自信がありますよ。

これをきっかけに、僕は料理好きになるのです。

肥後守で魚をさばくのも、最初はうまくできなかったけど、毎週やっているうちにだんだんできるようになり、そうなるとどんどん楽しくなってくる。

釣った魚に串をさして焼くのですが、炭焼きではないので、どうしても焦げたり焼きむらができたりして、なかなか難しい。

そこで、「よし、だったら揚げてやろう」と思い立ち、ハヤなどの小型の魚をさばいてから、川の水でよく洗って衣をつけ、油を熱した飯盒で天ぷらにして、塩を振って食べてみました。

うまい！

錦川のほとり、飯盒で揚げたあの天ぷらが、僕の最初の料理になりました。

それからは、釣った魚を持ち帰って、家で料理することが多くなりました。大きめの魚を刺身にしてみたり、煮たり、焼いたり。

川魚は刺身にすると危険です。横川《よこがわ》吸虫をはじめとする寄生虫がたくさんいますから。

また、前にも書いたように、錦川の上流には河山鉱山があったので、規制なんてほぼなかった当時、今思うとかなりの廃水が流れ出ていたのでは……なんて思いますけど、そんなことはまったく気にせず、アユでもなんでも生でバンバン食べていました。

それでも、僕はご覧の通りこの歳まで、健康体で暮らしています。

弁当をつくる

僕の母は呉服屋をやっていたので、店を閉めて家に帰って来るのは夜の9～10時でしたから、家事全般は祖母が仕切っていました。

ただ、そのおばあちゃんは、かつて広大な土地を持っていた大地主の家庭に生まれ育った〝お嬢さま〟だったもので、本当は家事なんてしたくないのです。

とはいえ、そういうわけにもいかないので、最低限のことをやっていました。

そんな事情で、我が家ではおばあちゃんがイヤイヤつくっていた（であろう）ご飯を毎日食べていたんです。

それでも僕は、つくってくれることに感謝していたのですが、小学校のときは給食だったものが、中学校から弁当になりました。

食べ盛りの中学生が、お腹ペコペコの状態で弁当箱の蓋《ふた》を開けると、焼きたらこが一本、ご飯の上にどーんと載ってるだけだったりします。

昨日の夕食に出たきんぴらごぼうが、メインのおかずだったりもしました。

「またこれかよ〜っ⁉」

ある日、僕はおばあちゃんに感謝しつつも、あまりにもやる気がない弁当に、「自分でやるしかない」と思ったのです。

料理をするなら、仕入れから。

中学からもらうようになっていた自分のお小遣いで、食材を買うところから始めました。

自分で買い物に行くと、物の値段がわかります。ハムを買いたいけど、高いから魚肉ソーセージにしよう……なんて節約しながら買い物をして、自分なりの弁当をつくってみました。

弁当箱という限られたスペースに料理をうまく詰めていくのは、なかなか難しい作業です。

卵焼きをきれいに焼いて、その横に炒めた魚肉ソーセージを置いてみる。

すると、

うーん、このあたりに緑がほしいなあ……。

なんていう美的センスが働いてしまいます。

冷蔵庫から出してきたほうれん草を、茹《ゆ》でたり炒めたりして、ちょうどいい位置に添えてみたり。

自分なりのカッコのいい弁当をつくっていましたね。

あの時代、岩国に住む男子中学生で、あんな工夫や努力を重ねていたのは、きっと僕だけだったと思います。

料理を楽しむ

「男子厨房《ちゅうぼう》に入らず」

この言葉、「男たるもの、台所に入ってはならない」――つまり「男は料理すべきでない」と教えられてきましたよね。

しかし、その由来は、中国戦国時代（紀元前4世紀頃）の思想家である孟子が書き残した「君子遠庖厨」（君子＝立派な王は厨房を遠ざける）という言葉にあり、その意味がまったく違うことはあまり知られてないようです。

この言葉は、生贄《いけにえ》として殺される牛をかわいそうだと思って助けた王に対して、孟子が「立派な王は生き物を哀れむ慈愛の気持ちが強いので、生き物を殺す料理場を遠ざける（君子遠庖厨）といわれています」と話した——という逸話《いつわ》のなかの一節です。

つまり、「慈愛の心が深くて、命が奪われるのを見ていられないことのたとえ」（『故事成語を知る辞典』小学館）であった「君子遠庖厨」（君子は庖厨を遠ざく）が、〝男は仕事、女は家庭〟が当たり前だった時代の日本で、意味をまったく変えてしまったわけです。

小学生の頃から料理に親しみ、料理を積極的に楽しんできた僕は、機会のあるたびにいろいろな場面で、「男子、厨房に入るべし」といってきました。

料理は、人生を豊かに彩ってくれるからです。

その理由を順に述べていきます。

まずは、あなたが既婚者で、奥さんも仕事をしている「共働き夫婦」の場合、「もうちょっと家事を手伝わないとなあ……」なんて心の底で思っていませんか？

２０２３年に政府が発表した「令和５年版 男女共同参画白書」によると、専業主婦世帯約５６６万世帯に対して、共働き世帯は約１２４７万世帯。１９８５年には約43パーセントだった共働き世帯が、１９９１年に半数以上となり、今や約69パーセントを占めています。

共働き世帯が増えたこと自体は、女性の社会進出が進んだとポジティブに捉えることもできるかもしれません。

問題は、労働に対して対価を得る「有償労働時間」と、対価を得られない日常の家事・買い物・育児・ボランティアなどを合計した「無償労働時間」を比較したときのバランスの悪さです。

日本人男性の有償労働時間は、調査対象11か国中最も長い452分なのですが、無償労働時間は最も短いわずか41分。日本人女性の有償労働時間は11か国中2位の272分で、無償労働時間は7位の224分です。

有償と無償を足した「労働時間」は、男性・女性ともにアメリカに次ぐ2位で、男性は493分、女性は496分と、女性のほうが3分長くなっています。

対象国のなかで一番長く働いているアメリカは、男性の労働時間は498分で、有償332分・無償166分という割合。女性は518分のうち、有償247分・無償271分です。

そして、この数値から、有償・無償ともに労働時間の男女比を見ていくと、有償労働時間のうち女性の分担割合は42・7パーセント、無償労働時間は62・1パーセントとなります。つまり、お金を稼ぐ仕事の約6割を夫が、家事を主とした仕事の約6割を妻が担当しているということです。

6対4と4対6ですから、理想的な補完関係のように思えますよね。

対する日本は、有償労働時間のうち37・5パーセントを負担している女性が、無償労働時間のなんと84・6パーセントを負担します。

家事の約85パーセントを女性が担っているというのは、明らかにバランスを欠いているといえるでしょう。

ちなみに、有償・無償時間の男女負担率が最も50対50に近いのはスウェーデンで、有償の46・８パーセント、無償の56・３パーセントを女性が負担しています。

ただねえ……日本人男性の肩を持たせてもらえば、有償労働時間４５２分というのが長すぎます。

アメリカより１２０分、ドイツより１６２分も多く、イタリア人なんて半分以下の２２１分しか働いていないのです。

やはり、日本人男性は世界的に見ても働きすぎですね。

それでも、です。

家事労働の約85パーセントを女性に任せているのは忍びないですから、心を鬼にして「もう少しずつでいいので、家事をサポートしましょう」
といわねばなりません。

その第一歩として最適なのが、料理ではないでしょうか。
料理に違いない！

と僕は考えています。

なぜなら（ちょっとズルいかもしれませんが）、料理は楽しいからです。
しかも、成功したら、大いに喜んでもらえます。
人に喜んでもらえることは、何ごとにも代え難い喜びですから。

なぜ、料理なのか？

２０２４年にリンナイ株式会社が、共働き夫婦の男女１０００名を対象に行った「家事分担に関する意識調査」は、とても興味深いものでした。

「パートナーの家事に対する姿勢や対応について不満はありますか」という問いに対して、あると答えた男性は46パーセント、女性は72パーセントでした。

続いて、どこに不満があるかと尋ねたところ、女性の回答は、

①家事を「手伝うもの」と思っていること……43パーセント
②時間があるのにやろうとしないこと……41パーセント
②やり方が気に入らない・雑なこと……41パーセント

がベスト3でした。

続いてアンケートは「面倒や負担に感じる家事」と「パートナーにしてほしい家事」を尋ねます。

女性の回答を見てみると、面倒・負担に感じる家事ランキングは、

①食事をつくる……51パーセント

②食器を洗う……49パーセント

③風呂を掃除する……46パーセント

④献立を考える／トイレを掃除する……45パーセント

パートナーにしてほしい家事ランキングは、

①風呂を掃除する……50パーセント

②回収場所までゴミを出す……49パーセント

③食器を洗う……47《パーセント》
④食器を片付ける／トイレを掃除する……43《パーセント》
となりました。

僕はここに、女性の本音が表れていると思うのです。

女性の身になって考えた場合、負担に感じていることを人に頼みたいですよね。女性が負担に感じている家事は、「食事をつくる」ことです。

にもかかわらず、パートナーにしてほしい家事の1位は「風呂掃除」、2位は「ゴミ出し」になっていて、「トイレ掃除」の次が「フライパンや鍋など調理器具を洗う」（40《パーセント》）、その次にようやく「食事をつくる」（39《パーセント》）が入っています。

なぜでしょう。

これは僕の推理ですが、先ほどの質問「家事に対してパートナーのどこに不満があるか」の3位の回答「やりかたが気に入らない・雑なこと」が、その理由だと思うのです。

「食事をつくる」――つまり料理は、家事のなかで最も時間と手間がかかり、頭と体を使い、技術と経験、アイデアなどが必要な高度な作業です。

だからこそ女性は、「最も面倒・負担に感じる家事」として料理を挙げています。なのに、それを男性にやってほしいと思わないのは、「やりかたが気に入らないし、雑だから」です。

もっといえば「やってほしいけど、できない」と思っているのでしょう。

パートナーにやってほしいランキングを見ると、アルバイトが最初に任される仕事ばかりだと思いませんか。
「食事をつくる」「献立を考える」「洗濯ものをたたむ」のような技術と経験が必要な作業は、男にはできないと諦めているのです。

だからこそ、挑戦する価値があります。

女性が一番負担に感じていながら、本音ではやってほしいと思っている（だろう）「料理」こそ、男としてやりがいのあるミッションではありませんか。

ただし、本音は別として、相手がやってほしいと思っていないことをやるのですから、くれぐれも慎重に始める必要があります。

たとえば、「今度の土曜日、一緒に買い物に行こう」といって、最初は献立を決める相談相手と、荷物持ちから始めるのはどうでしょう。

スーパーへ向かう道で「今日は何にしようか?」と尋ねられたら、くれぐれも「何でもいいよ」とはいわないように。

「そうだな……魚が食べたいな。どう?」

なんて、無理をしてでも、このくらいは答えるようにしましょう。

買物から戻ったら、野菜を洗ったり、ジャガイモやダイコンの皮をむいたりといった下ごしらえの手伝いを志願してみる。

それだけでも、あなたの株はかなり上がります。

「ありがとう。大丈夫」と断られたら、おとなしく引き下がって、調理中の話し相手に徹するもよし、風呂掃除に励むもよし。

そして食事のときにでも、「来週の日曜は、俺がつくってみようかな」、あるいは、「酒のつまみを一品つくってみてもいい？」なんて提案してみてください。

もちろん、その自信がついてからのことです。

その日は、食後、食器の後片づけはすべて担当します。

疲れたでしょう。

お疲れさまでした。

でもたまには、このくらいやっておいたほうがいいと思います。

人間力を磨く

「男子厨房に入るべし」

僕がそういい続けてきた理由、特に若い人に向けて発信してきた最大の理由は、料理を通じて「仕事力」、さらには「人間力」を培うことができると考えているからです。

最初に根本的なことを書きます。

生まれた直後、ミルクを飲んで育った僕たちは、離乳食を食べはじめたときから、誰かがつくってくれたご飯を食べて成長していきます。

僕のように小学生で魚をさばいていたのは珍しいでしょうが、学校の家庭科でご飯の炊き方を習ったり、お母さんに味噌《みそ》汁のつくり方を教わったりして、みんな少しずつ料理を覚えていきます。

でもなかには、「インスタントラーメンさえ一度もつくったことがない」「ゆで卵を茹でたことがない」「トーストを焼いたことがない」という高校生、大学生が、そのまま社会人になることも珍しくないという話を聞きました。

僕は心配になるのです。

そういう人は、
ご飯をつくってくれた人に、心からありがたいと思っているだろうか。
ご飯をつくってくれた人の、自分に対する愛情を感じているのだろうか。

自分で料理をつくってみれば、その作業にどれほどの手間がかかっていたのかを知ることができます。

初めて一人暮らしをして、初めて味噌汁をつくったとき、初めて出汁《だし》を取ることを知ったという話を何度か聞きました。

そんな経験をしてこそ、それまでは誰かが「出汁を取ってくれていたんだ」と改めて気づき、その愛情に感謝できるのではないでしょうか。

食堂や蕎麦《そば》屋、居酒屋などで、不機嫌に怒鳴り散らしているオヤジを見ることがありますが、あの人は自分で料理をしたことがないのではないか。つくってくれた人への感謝の念が足りないと感じてしまいます。

お店の場合は対価を得ているんだから、料理を出すのは当然だという人がいますが、僕たちは飲食店がなかったら困ってしまうわけです。

料理をつくることで、料理の大変さ、奥深さを知り、食事を出してくれる人に対する感謝の念を持つことができる。
だからこそ、今度は自分が愛情をもって料理をつくることができる。

そんなことを感じるのです。

料理はまず、献立を決めることから始まります。
先ほどのアンケートで多くの既婚女性が負担を感じていたように、献立を決めるのは思っているよりもずっと大変な作業です。

料理を食べる人の人数、好き嫌い、体調、食べる量、栄養、カロリー、前回出したものとの相性、品と品との組み合わせ、食材の調達、所要時間、予算、冷蔵庫に入っている食材……考えることは山のようにあります。
それらを考慮して献立を決めるには「企画・構成力」が必要です。

「予算・コスト・在庫管理」も必要ですね。

献立を決めて買い物に行く際には、必要なものがどの店にあるのか、どこが新鮮なのか、どこが安いのかを知るためのリサーチ力、そこへ行くための行動力、必要な材料が売り切れていたときの応用力と判断力、発想の豊かさ、柔軟性が求められます。

そして、食材を揃えて調理を始める前には、何と何を冷蔵庫に入れて、何を冷蔵庫から出しておき、何から始めてどの順番でフィニッシュまでもっていくかという「段取り」がとても重要になります。

たとえば、最初に魚に塩を振り、米をといで炊飯器のスイッチを入れる。炊いている間に、味噌汁用の鍋をコンロにかける。湯が沸くまでの間に味噌汁の具を準備して、魚をグリルで焼き始める――というように、一つひとつの工程にかかる時間を見定め、効率よくいくつかのことを同時に進める必要があるわけです。

冷やして出すものは先につくって冷蔵庫へ入れておき、常温の料理を完成させてから、熱いものは熱いうちに食べてもらえるよう、最後に調理する。この段取りを間違えば、調理時間が倍にもなってしまうだけでなく、肝心の料理の味や見た目がガクッと落ちてしまいます。

また、いくらレシピ通りに進めても、食材によってどうしても異なるので、火加減や調味料の微調整が必要となります。その場合は臨機応変な対応力や決断力も大切です。

胡椒《こしょう》は多少入れすぎても大丈夫ですが、塩は入れすぎると取り返しがつきません。野菜、特に葉野菜は、茹ですぎたらせっかくの食感が失われてしまいます。生煮えの煮魚は食えたもんじゃないし、焦がしたら一巻の終わり……。

そうならないためには、生臭さを抜くための下ごしらえや、煮込んでいる際に目を離さず、頻繁に灰汁《あく》をすくいとるといった丁寧な仕事をする必要があります。手をかければ、それだけおいしくなります。

実際に料理をしてみないと、実感できないことなのです。

調理が終わったら、どんなお皿に、どうやって盛りつけるかに気を配ります。「美味しいものは見た目も美しい」といいますが、美味しいものをつくる人は見た目にも気を配るということですね。

単純なポイントとしては、小さい皿に目いっぱい盛りつけるより、大きめの皿に高く盛りつけると美味しそうに見えます。料理と皿の色の組み合わせも重要ですが、何といっても外さないのは白い皿。アクセントになる黒い皿には、彩りのある料理が似合うでしょう。

テーブル、テーブルクロスなども含めた食卓全体の色味や配置、丸や四角といった形の相性なども考えて食器を選び、料理を盛り付けて並べるには、「デザイン力」「演出力」が問われます。

簡単料理に挑戦

少し難しいことをいいすぎたかもしれません。

あなたにまったく料理の経験がないのなら、インスタントラーメンから始めましょう。つくり方は袋に書いてありますから、まず失敗はありません。

何も載せないのも淋しいので、刻みねぎや、溶き卵を加えてみる。もやしやピーマンなど、冷蔵庫の残り野菜を切って炒めて載せれば、立派な料理です。

ちなみに僕は、コンビニも含めた各社から新発売されたインスタントラーメン、カップラーメンは必ず買って、味を確かめています。

ここ数年でうまかったのはマルちゃんの「ＺＵＢＡＡＡＮ！《ズバーン》」です。「横浜家系醤油豚骨」「にんにく旨豚醤油」「旨コク濃厚味噌」「背脂濃厚醤油」「豚骨魚介中華そば」、新発売の「博多豚骨ラーメン」まで全種類チェックして、「濃厚味噌」と「濃厚醤油」がお気に入りです。

インスタントラーメンに野菜炒めを載せるだけでも、鍋にお湯を沸かして沸騰させてから、麺が茹で上がるまでの３分間のうち、どのタイミングで野菜を炒め始めるかというポイントがあります。もやし、ほうれん草、ピーマンなどによっても炒める時間が異なるので、練習になるはずです。

インスタントラーメンをマスターしたら、次のステップとして、簡単な酒のつまみはどうでしょう。

手前味噌になりますが、２０２３年発売の僕のレシピ本『弘兼憲史のサッとつくれてウマイつまみ54品』（ビジネス社）のなかから、ごくごくシンプルなものを紹介します。

マグロのポキ

麺つゆ（大さじ½）、おろしにんにく、ごま油、練わさび、白ごま（適量）を混ぜ合わせ、ボウルに角切りにしたマグロ（80グラム）、アボカド（¼個）を入れて混ぜ合わせる。器に盛り、万能ねぎを散らしてできあがり。「ポキ」とは漬けマグロに似たハワイの郷土料理です。

チーズ豆腐

豆腐¼丁をさらに3等分し、キッチンペーパーで包んで水気を取る。器に盛って塩を振り、クリームチーズを載せる。はちみつを回しかけ、砕いたクラッカーを散らし、胡椒を振ってできあがり。

きのこホイル焼き

しめじ、えのき、まいたけ（各½パック）を食べやすい大きさに割く。アルミホイルに、斜め切りした長ねぎ（⅓本）、1センチ幅に切ったベーコン（20グラム）、みじん切りしたにんにく（1かけ）を入れてバター（10グラム）を載せ、白だし（小さじ2）、レモン汁適量をかけて包む。180度のオーブンで10分焼けばできあがり。

塩昆布きゅうり

まな板の上で、きゅうり（½本）を麺棒で叩いて食べやすい大きさに割く。ボウルに、きゅうり、塩昆布（5グラム）、クリームチーズ（20グラム）、ごま油（小さじ1）をよく合わせ、器に盛ればできあがり。

枝豆の山椒ホイル焼き

冷凍枝豆（２００グラム）に、適量の塩、山椒、ガーリックオイル（大さじ２弱）を絡め、アルミホイルで包む。１８０度のオーブンで焼く。ガーリックオイルににんにくの香りが出てきたらできあがり。
アルミホイルとオーブンを使わず、フライパンで焼くのも可。

どうでしょう。どれも簡単でしょ。

だんだん料理が楽しくなってきたら、次はカレーに挑戦してみませんか。

肉と野菜を切って炒め、煮込んで柔らかくなったら市販のルーを入れるだけで完成です。市販のルーでもなかなか個性があって種類豊富ですから、好みの味を探してみてください。

慣れてきたら、自分なりの工夫が楽しめるのもカレーのいいところ。チキン、ビーフ、ポーク、シーフード、野菜の組み合わせは無限だし、ルーを2～3種類混ぜただけでグッと深みが増します。

ひと手間を加えるだけでグッと味が引き立つ〝カレーの隠し味〟を、料理にまつわるエッセイと簡単レシピをまとめた『弘兼流 60歳からの楽々男メシ』（マガジンハウス）から、いくつか紹介しましょう。

無糖ヨーグルト……煮込んだカレーに加えるだけで、マイルドなコクが出ます。野菜ジュース・トマトジュースを加えると酸味のあるコクが出ます。

野菜ペースト……玉ねぎやにんじんをミキサーでペースト状にして、野菜ジュースを加えて煮込んだものをカレーに加えます。サラッとしたインドカレー風の味わいに。

ガラムマサラ……本格的なインドカレーのようなスパイシーさを味わえます。瓶詰のものはだいたい辛み成分が含まれているので、分量はお好みで調整してください。辛さの調節にはチリパウダーも便利です。

ココナッツミルク……加える水量の半分をココナッツミルクにすると、一気にタイ風カレーになります。水を使わずにココナッツミルクだけにすれば、エキゾチックな独特の香りが。もちろん、カロリーは高くなります。

赤ワイン、インスタントコーヒー、コーラ、チョコレート……欧風カレーのような風味が出ます。

ピーチネクター……大箱（7～8人用）のカレールー1箱に、350cc缶半分ほどを加えると〝高級〟欧風カレーに変わります。

最初は失敗したっていいんです。次はこうしてみよう、ああしてみようという工夫もまた、料理の楽しさなのですから。

ホームパーティーで遊ぶ

「ホームパーティー」というと、ハリウッド映画に出てくるような豪邸に集まるセレブたちの宴……のようなイメージがあるかもしれません。

僕がここで提案したいのは、もっとずっと気軽で庶民的な、いわゆる「家飲み」「宅飲み」です。

広いお屋敷にお住まいの方はもちろん大人数でも構いませんし、そうでない方は2人、できれば3人、多くても4人くらいでいいのです。

学生時代は、狭いアパートに3～4人集まって、夜明けまで飲み交わしたこともあったでしょう。

それが就職し、それぞれが結婚し、子供をもうけ、育児に追われ……というちに、いつの間にか交流がほぼなくなってしまう。

すると、子供も自立して時間に余裕ができるようになっても、「うちで飲もうよ」とはいい出し難い。そんなことはないのに、「迷惑だろうな」「面倒だろうな」とお互い気を使ってしまうんですね。

どうでしょう。

不要な遠慮はやめにして、まずは一番仲の良い友達夫婦を、自宅に招いてみてはいかがでしょうか。

もちろん、あなたが既婚者の場合、最初に許可をとるのは奥様です。

気のおけない仲間と、隣テーブルの客も、滞在可能時間も気にせずに、楽しいお酒を酌《く》み交わすことができるホームパーティーは、大人にとって最高の道楽ではないでしょうか。

あなたの料理の腕が上がっていれば、思う存分、腕を振るってください。

そうでない場合は、寄せ鍋、すき焼き、しゃぶしゃぶ、おでんなど、手間のかからない鍋物もお勧めです。

肉や魚介類、野菜などをホットプレートで焼く鉄板焼きパーティー、たこ焼きパーティー、お好み焼きやもんじゃ焼きパーティーもいいですね。

もっとシンプルに、サラダと簡単なつまみだけを用意して、ピザをとったり、フライドチキンを持ち寄ったりしてもいいし、ウーバーイーツを利用してもいい。

ルールはありませんから、気軽にいきたいものです。

日本でホームパーティーが一般化しない要因の一つに、ホスト、特にその奥さんの負担が大きくなりすぎることがあると思っています。

そこでお勧めしたいのが、ゲストそれぞれが料理を持参し合う「持ち寄りパーティー」、欧米ではスタンダードな「ポットラック」というスタイルです。

ポットラック（potluck）とは、「あり合わせの料理、持ち寄りの料理」という意味で、基本としては料理を一人一品ずつ持ち寄るというもの。

ですが、そのルールだと同じメニューが被《かぶ》ってしまうことがあるので、前菜、メイン料理、〆《しめ》のご飯、デザート……のように、それぞれの担当を決めておくのがいいでしょう。

ホストの都合で、「料理はすべて任せて。お酒はすべてお願い」とか、「すき焼きパーティーのすべてを用意するから、メインの牛肉だけ持ってきて」とか、各自の負担額がほぼ同額になるように設定したいものですね。

仲のいい友人でも、自宅に招かれるのは気が引けるもの。しかも、「うちで飲もうよ」とだけいわれたら、何を持っていけばいいのかと悩んでしまいます。各自の分担を明確に決めておくのは、お互いにとっていいこと尽くめなのです。

また、
片づけは全員でやる。
会場は持ち回りにする。

個人的には、

パーティー中はスマホの電源を切る。

というルールも決めておきたいです。

さらに、ホームパーティーのいいところは、外食するよりもずっと安上がりですから、その分だけ「いいワインを飲む」とか、「厳選食材を取り寄せる」といった贅沢が可能になる。

ホスト家は大変ではあるけれど、ゲストを迎える前に気合を入れて掃除するので、家中が整理整頓される。

などがあります。

いいこと尽くめのホームパーティーを、もっと気軽に楽しみましょう。

映画を楽しむ

岩国市に住んでいたとき、自宅の隣に映画の看板屋さんがありました。あの頃の看板屋さんは、手元の小さな写真を見ながら大きな看板を描くのですが、まず初めに写真と看板に同じ比率でマス目を切って、その一マス一マスを拡大して描いていくんです。

まだ絵を習い始める前ですが、僕はその作業をずっと見つめていました。鼻の部分に緑の線をバッと入れたりする。「なんで緑なんやろ？」と思って後ろに下がって見ると、不思議なことにその緑は目立つことなく、顔の一部として溶け込んでいました。

そんな環境もあってか、いつの間にか映画に対する関心を持っていました。500メートル《メートル》くらい離れている場所に、その看板がかかる映画館があったんです。映画好きの父親は、よくそこへ僕を連れていってくれました。

一番古い記憶として残っている映画は、海兵隊の軍曹を演じるジョン・ウェインが日本軍と戦う『硫黄島《いおうじま》の砂』（1949）。日本公開は1952年ですから、5歳のときですね。内容はほとんど覚えていません。

自分の意志で映画館に行って、最初に観た作品は『戦場にかける橋』（1957）でした。たまたまラジオで聴いた『クワイ河マーチ』が忘れられないくらいに耳に残って、後で『戦場にかける橋』のテーマ曲ということを知ったとき、どうしても観に行きたくなり、友達を誘って一緒に観にいきました。67年も前の映画ですが、今も色あせない、今観ても泣ける名作です。

それからますます映画が好きになって、岩国に来る映画はどんなにくだらない作品でも全部観るようにしていました。

当時の映画はまさに〝娯楽の王様〟で、ほかの娯楽はないといってもいいような状態だったのです。

当時の東宝は、『三等重役』（1952）の流れを汲《く》む『へそくり社長』（1956）を第一作とする森繁久彌《もりしげひさや》の主演作「社長シリーズ」の全盛期。1970年までに33本上映されましたが、高校時代の僕は全作品を観ていると思います。

登場人物たちがみんな底抜けに明るくて、とにかく楽しそう。「サラリーマンはいいなあ。東京のサラリーマンになったら、こんなに楽しいことができるんだ」と、本気でサラリーマンに憧れていました。

1961年、そんな〝おバカ映画〟が大好きだった14歳の僕は、1本の映画にとてつもない衝撃を受けました。

黒澤明監督の『用心棒』です。

映画好きの友人に「あの映画はすごいぞ」といわれて映画館へ行ったのですが、もう冒頭から驚かされました。

三船敏郎演じる〝三十郎〟が宿場に入っていくと、人の手をくわえた野良犬が歩いてくるんです。もうそれだけで、何も説明しなくても〝危ない宿場〟ということがわかる。素晴らしい脚本だと思いました。

後はもうラストまで、それまでの時代劇の常識を変えた徹底的なリアリズムに圧倒されました。人が斬られるときの音、いわゆる「斬殺音《ざんさつおん》」を世界で初めて使ったのも『用心棒』だったと聞いています。

今までの斬られ役は、「ウッ、ウッ～」なんて痛がりながら反転してカメラのアングルから消えていったのに、『用心棒』ではちゃんと血が出て、ものすごく痛がるし、斬られた手がボトッと道の上に落ちたりする。

何もかもが新鮮でした。

この映画に衝撃を受けた僕は、続く『椿三十郎』（1962）、『天国と地獄』（1963）、『赤ひげ』（1965）をリアルタイムで映画館へ観にいって、大学入学で東京へ出てからは、黒澤映画をかけている映画館を探しては、『羅生門』（1950）、『生きる』（1952）、『七人の侍』（1954）、『蜘蛛巣城』（1957）、『隠し砦の三悪人』（1958）を片っ端から観まくりました。

特定の監督にこだわって映画を観たのは、初めての経験でしたね。

その後、僕は大学卒業後、松下電器に入社して3年間お世話になり、漫画家を目指して退社したのですが、そのとき、漫画に活かすためのドラマツルギーや構図、構成などを学んだのが、黒澤映画とヒッチコック映画でした。

単なる娯楽としてではなく、漫画の教科書にするためにもう一度鑑賞すると、起承転結がはっきりしたわかりやすいストーリー、伏線の張り方と納め方、思わず〝これぞ映画！〟と唸ってしまうような緻密な構図、黒と白、グレーのコントラスト、光と影の対比、ドラマチックな場面転換など、数々の再発見がありました。

映画鑑賞を楽しむ際、俳優で観ていくのもいいのですが、監督にこだわって鑑賞するのもまた一興。作風や志向の変化、起用した俳優やスタッフの変遷などが楽しめて興味深いです。

第五章　最後まで遊ぶ

恋愛を楽しむ

四十歳を越え、多くの大人達は、死ぬまでにもう一度、
燃えるような恋をしてみたいと考える。

それはあたかも、黄昏《たそがれ》の空に飛び込んでくる流星のように、
最後の輝きになるかもしれない。

この熱い気持ちを胸に秘めつつ、落ち着かない日々を送る大人達を、
我々は……

黄昏流星群と呼ぶ――

２０２５年に連載開始30年を迎えた『黄昏流星群』第１話の巻頭言です。

中高年、40代以降の恋愛をテーマにした『黄昏流星群』の着想は、同い年の仲間５～６人で酒を飲んでいたときに得たものです。

僕たちは48歳でした。

みんなそれなりの成功を収めていて、何の不足もないように見えます。

そんな彼らに僕は何気なく「俺たちも人生の半分がすぎてしまったけど、思い残したことはない？」と聞いてみたのです。

すると、

「もう一度、若い頃のような恋をしてみたいな」

との言葉が返ってきました。

違うもう一人も、

「できないかもしれないけど、『マディソン郡の橋』みたいな恋はいいよな」

と続けます。

さらに、

「そんな恋をして、燃え尽きるように死にたいよな」……

そんな言葉を聞いていた僕は、

「漫画の世界なら、描けるかもしれない」……

と思い立ち、企画を練り上げていったのでした。

こうして誕生した『黄昏流星群』は、今やコミックが74巻を数え、累計発行部数は2000万部を突破したと聞きました。

ありがたいことに、『島耕作』シリーズと並ぶロングセラーとなったのです。

連載開始前は、「中高年の恋愛」をテーマとした漫画と聞いて、「読まれるはずがない」「売れるはずはない」といわれることも少なくありませんでした。

それでも僕には、何か確信めいたものがあったのです。

人間はいくつになっても、「恋をしたい」「人を愛したい」という気持ちを失わないはず——と思っていたからです。

２０２３年には、１９４０年生まれ、当時83歳の俳優アル・パチーノの29歳の恋人ノア・アルファラが、男の子を出産したことが話題となりました。すでに破局したと伝えられていますが、二人の歳の差はなんと54歳。お元気で何よりです。

『ゴッドファーザー ＰＡＲＴⅡ』などでアル・パチーノと共演した１９４３年生まれのロバート・デ・ニーロも、同年に79歳で父親になりました。母親が誰なのかは明かされていません。

ちなみに、ギネスブックに記載されている世界最高齢の父親は、インドのラマジット・ラグハブさん。世界新記録は、何と96歳！

母親は52歳で、歳の差は44歳です。

そんな事例を知ると、我々世代もまだまだ……なんて、残念ながら僕は思えません。

若い頃のように「チャンスがあれば！」みたいな執着が、今はもうないのです。

その理由の一つは、僕は若い女性に固執していないからかもしれません。

年齢に関係なく「ステキな女性だな」と思える方と、楽しいひと時が過ごせれば……とは思いますが、〝大人の女性〟を誘う場合、ガンガン攻めたら引かれるだけと思っているのです。

では、どうやって誘うのか？

「今度一緒に、ラーメン食べに行きませんか」
くらいなら、引かれないかもしれませんね。

2023年に亡くなられた性科学者の大島《おおしま》清《きよし》さんは、「いくつになっても性的関係を持ちましょう」とおっしゃっていました。
性的関係とは、異性とともに食事をしたり、散歩をしたり、カラオケに行ったりという〝心のつながり〟のことです。

心のつながりを保ちつつ、ちょっとした恋心を抱く。

特に50代以上の男女であれば、そのくらいの距離感がちょうどいいのかもしれません。40〜50代にもなると、ポリシーや生き方、ライフスタイルなどが、出会った時点でかなり確立しているはず。

そんな二人が接近するのなら、どちらかが無理をすることになる。

最初のうちは〝恋の力〟で何とかなるかもしれませんが、そのうちに無理が祟《たた》って……ということにもなりかねません。

〝性的関係〟は〝つかず離れず〟が理想的ですが、それがなかなか難しいのだと思います。

節約で遊ぶ

２０１９年に金融庁が発表したデータをもとにした「老後２０００万円問題」を覚えているでしょうか。

65歳以上の夫と60歳以上の妻が年金だけで暮らしていく場合、夫婦の年金収入は合計で20万９１９８円、支出は26万３７１８円で、毎月５万４５２０円の赤字になる。

それが30年間（３６０か月）続いた場合、赤字分を５万５０００円とすると、１９８０万円不足する。

という数値が発表されたとたん、「２０００万円なんてない」「これから２０００万円なんて、とても貯められない」との声が国中から沸き上がり、大騒動に発展した問題です。

あれからほぼ6年、今さらこの２０００万円という数字を気にしている人はいないと思いますが、僕は当時からずいぶん怪しいデータだと思っていました。

まず、「２０００万円足りなくなります」といわれたのは、夫65歳以上、妻60歳以上で、子供のいない無職世帯になる人ですが、声をあげている人たちは、それにあてはまっていたのか。

また、このモデルケースとなっている夫婦の支出26万３７１８円の内訳が、現実的ではないように思えたのです。

具体的な数字を挙げると、ざっと見て「?」と思うのは、食費6万4444円、住宅費1万3656円、教育費15円、教養娯楽費2万7576円、その他消費支出5万4028円などです。

食費は後に回します。

住宅費は、家賃、共益費、光熱費、水道費など、住居にかかるお金すべてなのですがこの金額で足りるのでしょうか?

教育費15円も謎ですが、教養娯楽費(新聞雑誌や娯楽用品、行楽演芸会)はややかけすぎだし、その他消費支出(諸雑費、こづかい、交際費及び仕送り金)の5万4028円も多いですよね。

そして最も気になるのが、子供のいない65歳と60歳夫婦の食費が6万4444

円もかかっていることです。

世帯支出のうち最も多くを占める食費。収入によっても異なりますが、二人暮らしにおける食費は、手取り収入の15《パーセント》が理想とされます。この夫婦の手取り額は20万９１９８ですから、３万１３７９円ほどに収めなくてはいけません。

金額も大きいので、ここを切り詰めてみましょう。

ですが、60歳をすぎた夫婦にとって、食べることは数少ない楽しみかもしれません。ただ単に６万４４４４円かかっている食費を「５万円に抑える」といったノルマを課し、スーパーで買う一品につき数円ずつ切り詰めるような方法では、すぐに悲壮感が漂ってしまいます。

この本のテーマは「人生を楽しむ」ですから、「マスト」から「ウォント」

へ思考を転換し、夫婦ともに「節約したい」「チャレンジしたい」の精神で挑みましょう。

どうせやるなら目標は大きく、6万4444円の半分以下にはなりますが、先ほど計算した目標値3万1379円にするとか。

あるいはもっと思い切って、テレビ番組でやっていた「1か月1万円生活」にチャレンジするのはどうですか？

夫婦二人で2万円なら、創意工夫で何とかなるかもしれません。

ずいぶん前になりますが、僕は実際にサラリーマン時代、「食費1000円で3日持たせる」といったチャレンジに挑んだことがあります。貧しかったから「マスト」でやったのではなく、工夫して目標をクリアしたいという「ウォント」で楽しんでいたのです。

あくまでも「ノルマを果たす」のではなく「ゲームを楽しむ」という精神

で挑みましょう。実際にお金がないわけではないので、やりはじめて辛くなったら、あっさりとギブアップしたっていいのです。

一人で1か月で1万円だと、1日あたり333円。それは厳しいと思うけど、二人で1日666円なら、なんとかいけそうな気がしますよね。

まずはお米を買いましょう。

おかずとしてありがたいのは、やっぱり大根です。

葉のついた大根を150円くらいで買って、皮を剥いて葉と和えたお漬物をつくります。塩漬けにすれば5〜6日はもちます。

大根の中心は煮物にしたり、おでんや味噌汁の具、サラダにしてもいい。

魚だったら、時間によって安く売っている頭《かしら》などアラを狙いたい。198

円で2枚入っていたりしますので、アラ煮にすれば2日はもちます。

お買い得品をゲットするためには、チラシも強い味方です。

新聞を取っていなくても、全国のスーパーやドラッグストアなどを網羅したネットアプリやサイトがあります。郵便番号などでエリアが絞り込めるので、少し離れたスーパーの情報も得られるようになっている。便利な時代になりました。

スーパーでは時間限定のタイムセールや、個数限定品、セット割など、客を引くために原価ギリギリか赤字覚悟で販売している〝赤札商品〟を手に入れたいですね。

スーパーによっても、鮮魚に強い、青果が新鮮、食肉製品が売りなど、カラーがあるものです。そういった特性を見極めて、使い分けてください。

最近はドラッグストアでも生鮮食料品を扱う店舗が出てきました。医薬品や化粧品で利益を確保できるため、食品の価格を下げて集客している店もあるそうです。ぜひ、チェックしてみましょう。

ゲーム感覚での節約の話をしてきましたが、くれぐれも体調管理はしっかりしてください。

安く済ませることばかりに熱心となって食事を疎《おろそ》かにして、体調を崩したら本末転倒です。

あくまでもゲームですから、栄養のバランス管理をお忘れなく。

歳をとることを楽しむ

人生を楽しむための最大の秘訣は〝好奇心〟だと書きました。

歳をとることによる変化、人はそれを「老い」あるいは「老化」と呼びますが、僕はそれさえも前向きに「成長」と捉えたいと思っています。

好奇心をもって、成長を楽しみたいのです。

門松は 冥土《めいど》の旅の 一里塚 めでたくもあり めでたくもなし

という狂歌があります。

詠んだのは、とんち話でも知られる一休宗純《いっきゅうそうじゅん》です。
正月を飾る門松はめでたいように見えるが、見るたびに一つずつ歳をとるのだから、死へ向かう旅への一里塚のようなものだ——。

一休さんのいうように、すべての人間は生まれたときから、死に向かって歩みを進めています。
そう考えれば、老いるということも、衰えているのではなく、到達点に着実に近づいていると考えることができます。

物忘れがひどくなる、目がかすむようになる、耳が聞こえづらくなるのも、人間としての成長なのです。

物忘れが進むのは、そんなことは覚えていなくてもいいのだと、目がかすむのは、そんなに細かく見るものではないのだと、耳が聞こえづらくなるのは、聞かないほうがいいこともあるのだと、悟れるようになったからかもしれません。
それも立派な成長なのです。

長嶋茂雄さんは還暦を迎えたとき「初めての還暦を迎えまして……」とあいさつしたそうですが、僕にしても、ここまで成長するのは初めてですから、「こうなるのか」と少し驚くこともあります。

この頃、急に食が細くなりました。
寿司屋へ行ってお任せで頼むと、最後までいきつかずにストップをかける。
「黒毛和牛A5ランク」の高級肉が苦手になったのに、安いステーキなら

250《ムグラ》くらいは平気で食える。

きっとそれも、〝そんなに食べるもんじゃない〟とか、〝そっちよりこっちを食いなさい〟とか、体が教えてくれるようになったのだろう、これも成長の一つなのだと考えています。

何ごともポジティブに捉えればいいんです。

〝人生は楽しんだもの勝ち〟

これは僕の座右《ざゆう》の銘《めい》ですが、先ほども少し触れた一休さんは、それを地で行く人だったようです。

僧侶にもかかわらず、頭は剃《そ》らず、肉を食い、酒を飲み、女を抱く……まさに〝破戒僧《はかいそう》〟でありながら、書画、狂歌、漢詩、説法に優れ、その人柄と生きざまによって多くの人々から愛された一休さん。

77歳のとき、50も歳の離れた「森女《しんにょ》」という〝絶世の美女〟に一目惚《ぼ》れした彼は、京都東山に構えた庵で同棲生活を始めます。以降の10年間、森女との秘め事を赤裸々に詠じた一休さんは、応仁の乱で焼失した大徳寺の再建を果たした2年後の1481年、87歳で大往生を迎えました。

最後の言葉は「死にとうない」だったと伝えられています。

そんな一休さんは死の直前、彼を慕う弟子たちに「どうしても困ったとき、苦しいときに開きなさい」と一通の手紙を託しました。

数年後、困難に直面し、困り果てた弟子がその手紙を開くと、そこには、

心配するな
大丈夫
なんとかなる

と書かれていたそうです。

人生を楽しみ、老いをものともせず、生涯現役を貫いた一休さんは、究極のポジティブ思考の持ち主だったようです。

弘兼憲史（ひろかね けんし）

1947年9月9日、山口県生まれ。早稲田大学卒業後、松下電器産業（現パナソニック）勤務を経て、1974年に『風薫る』で漫画家デビュー。以降、「島耕作」シリーズ、『人間交差点』『ハロー張りネズミ』『加治隆介の議』『黄昏流星群』などを世に送り出す。『人間交差点』で小学館漫画賞、『課長 島耕作』で講談社漫画賞、『黄昏流星群』で文化庁メディア芸術祭マンガ部門優秀賞、日本漫画家協会賞大賞を受賞。2007年に紫綬褒章を受章。現在も『社外取締役 島耕作』『黄昏流星群』を連載中。『弘兼流 60歳から、好きに生きてみないか』『捨てる練習』『人生は70歳からが一番面白い』『迷わない生き方』などエッセイも多く手掛ける。

楽しまなきゃ損だよ人生は

2025年2月11日　第1刷発行

著　者　弘兼憲史
発行人　関川 誠
発行所　株式会社宝島社
〒102-8388
東京都千代田区一番町25番地
電話：（編集）03-3239-0928
（営業）03-3234-4621
https://tkj.jp

印刷・製本　サンケイ総合印刷株式会社

Printed in Japan
ISBN 978-4-299-05440-1